巻頭宣言

「笑う東大、学ぶ吉本」

プロの漫才はなぜ、あんなに面白いのか？
芸人が生み出す「お笑い」の面白さの秘密とは何か？
それが、この本のテーマです。

本書は、「笑う東大、学ぶ吉本プロジェクト」から生まれました。
これは研究のプロフェッショナルである東京大学と、お笑いのプロフェッショナルである吉本興業とがタッグを組んで、お笑いやコミュニケーションについて、より理解を深めようとする「おもしろくて、ためになる」共同研究プロジェクトです。

本書は2つのタイプの特集で構成されています。「M-1グランプリを科学する」というテーマで、東京大学大学院に所属する3人の研究者が漫才やお笑いについて科学的な分析を行いました。その研究をベースに、ゆにばーす、トータルテンボス、オズワルドの3組のコンビが、各研究者と討論形式の「補講」を行い、「芸人の人気」や「漫才のつかみ」「M-1の謎」についてそれぞれ迫ります。

もう一つのタイプの特集は、お笑いや話芸について、しっかりと自身の言葉で語れる3人―
田明（NON STYLE）、野田クリスタル（マヂカルラブリー）、哲夫（笑い飯）の皆さんに「お笑い
か」について真剣に、徹底的に語ってもらいました。

「お笑い」の面白さの秘密とは、はたして科学の力によって解明できるものなのでしょうか
それとも、「お笑い」には科学では分析しきれない「特別な何か」があるのでしょうか……。

WARAI SCIENCE

ONTENTS

THE UNIVERSITY OF TOKYO × YOSHIMOTO KOGYO HOLDINGS

石田明
ISHIDA
AKIRa

芸人から見た「お笑い」論

vol.1

NON STYLE

ベタが最強、アホは才能、言葉は器……言語化されていない「お笑いの構造」の秘密を語ろう

お笑いの本質とは何か、なぜ笑いは生まれるのか。ウケる漫才・勝てるネタの秘密とは——。2008年M-1チャンピオンにして漫才の解説・言語化に定評のあるNON STYLE石田明が「お笑いの謎」を大胆に種明かししていく。

PROFILE

1980年大阪市生まれ。2000年に結成されたNON STYLE（M-1グランプリ2008王者）のボケ担当にしてネタ作成者。「笑い」を論理的に語れる芸人としてNSC講師も務める。お笑い以外にも演出家・脚本家・作家など複数の分野で活躍。衣装は基本的に「全身白」。家族との日常を描いたブログも人気。

 TEXT｜西澤千央　PHOTO｜松井雄希

結局「ベタが最強」であり、「アホが才能」である

——石田さんはM-1グランプリチャンピオンであり、現在は様々なネタをM-1の観点から考察し、それが大変な人気を博しています。数多くのネタを見てきた石田さんに伺いたいのは、「笑いの本質とは何か」。笑いとは、普遍的なものなのでしょうか。

石田　普遍的なものはあると思います。結局、誰もが知っている「ベタ」というものは普遍的で、海外でもそうなんです。「ベタが最強」なんです。海外のコメディを見てもベタしかウケてないし、結局はベタをどう演出するか。ただ、**今の日本のお笑いでは、ベタをどう隠すか、隠した上でどう見せるかという、海外とはまったく別のお笑い、戦い方になっている。**海外はベタの水準は、あまり変化がない一方で、日本のベタの水準は上がっていって、昔のベタが面白くなくなっている。でも本来、昔のベタの方が面白いはずなんですよ。

　みんなが思う「普通はこういう意見になるだろう」を裏切ることが一般的なベタなんですけど、今は何巡もして「漫才とはこういうものだ」「漫才の中でこういうことをしたら面白いんじゃないの」という常識が生まれて、どんどん捻じ曲がっていっている。笑いが高度になるにつれ、漫才に慣れ親しんでいないと楽しめないものが増えてきました。

　M-1などのトップバッターでうまく笑いを取れない漫才師は基本ベタができないんです。ちゃんとした漫才がフリになって初めて笑えるような構造のネタをやっているから。もともと漫才が変わったことをしているのに、変わった漫才をするというのはその時点で捻じ曲がっている。常識を裏切るやつを裏切っているわけです。だからどんどん難しくなっていますね。

　一番笑いを取りやすいのは、みんなが知っていることですよね。たとえば**「スーパーマリオがこういうことになったら面白いよね」**というのが一番わかりやすい。ほとんどの人がマリオを知っているので、マリオは普通こういう帽子をかぶっているのに違う帽子をかぶっていたとか、そんな話はわかりやすいじゃないですか。

　日本で言えば、昔話やおとぎ話は誰もが流れをわかっている。だからみんなの推測を裏切ればいいだけなので、めちゃくちゃ簡単なんです。**なぜ僕らの漫才が万人ウケするかというと、限りなく常識のラインを下に下げているからです。**僕は『ジョジョの奇妙な冒険』とか好きなんで、本当だったらジョジョのワードを漫才に出したい気持ちがある。でも出してしまうとジョジョ好きにはウケるけど万人ウケはしない。こういうことがあるとお客さんはストレスが溜まってしまい他のボケへの食いつきが悪くなる。わからない人が置いていかれてしまうので。

　僕の中で**「クイズ番組の理論」**と呼んでいるものがあります。クイズ番組で問題がめちゃくちゃ難しかったらおもんないじゃないですか。自分にもわかりそうで、「あー、この人が答えたけど、私もわかってた！」みたいなレベルの問題が一番面白い。漫才も一緒で、このボケ理解できるかどうか、みたいなラインが一番面白い。「私でもギリツッコめそうだけど、私よりちょっと先にツッコんでくれる、めちゃくちゃおもろいワードでツッコんでくれる」というラインが一番面白く感じてもらえる。

——そのラインがどこにあるのかを探すのは難しそうです。

石田　僕は**「アホが才能」**やと思うんです。中の中の学校に行ってテスト前だけ勉強してなんとかクリアしてきたヤツなんです、僕は。だから、知識があまりないんですよ。この知識のなさが僕の中で自分の才能だと思っています。たとえば東大生は常識の基準が高い。知っている知識が多いと笑いを取りにくいと思うんです。自分たちの当たり前が世間一般の当たり前じゃないから。

　なんで僕らが小中高生にハマるかというと、めちゃくちゃ簡単なワードしか出していないから。難しい言葉や設定を選ばない。それが根本にあるんです。実際、M-1でも**「川で少年が溺れていたらどうする」**とか**「ホラー映画を見るのが好き」**とかいったベタな設定でした。普通の人は常識のラインがどこにあるのか、すぐにはわからないと思うんです。でも僕はアホやからそれが他の人よりもわかる。僕がわかってることはみなさんだいたいわかりますから（笑）。

　僕らはずっとベタなマジックを見せているだけです。でも**最近の若手芸人のマジックは、種明かしでウケている。**今は「種明かしの時代」なんです。マジックも芸人もなんでも裏側を見せるのが人気ですよね。では種明かしとはどういうことか。お客さんは芸人のボケに気づかないことが多くて、ツッコミが言葉を発することによって、「あ、そういうボケだったんだ」と理解して、そこで笑いが起こる。でも僕らは僕がボケた瞬間にどういうボケかが伝わるので、ツッコミが単純であればあるほど面白い。だから僕らが種明かし系の漫才をやったことってないんです。

NSCの講師をしていても種明かし系が多いなと思いますね。僕らの時代は**「加害者と被害者になる形が漫才」**やったんですよ。ボケが加害者でツッコミが被害者という形。常にツッコミは何が繰り広げられるか知らへんというのがベースにあったんです。今は共犯型というか、そんなツッコミ出るわけないやん、わかるわけないやんというのがバコバコ出る時代。僕らの時代だったら「それ漫才ちゃうやん」と言えた。でもそれを言うと、僕が漫才の進化を止める悪役になってしまうので、言わない。でも本音を言えば、僕らの時代では「それは漫才じゃなくてコントだよね」という感覚を抱きます。

――コントを主戦場でやっている人がM-1に出場することも珍しくなくなってきました。

石田　**コントのルールで漫才をやれるんやったら漫才師はコント師に勝てないですよ。**漫才師は漫才から新しいことをしよう、枠から飛び出すという形なんです。でもコント師は外の、無限に広がる枠の中から漫才風を装えばいいので強いですよね。漫才師と比べたら設定も自由で、別にべしゃりじゃなくてもいい。本

「エネルギーのうねり」こそが最強

来の漫才師であれば、やりとりの自然さというか、ボケが何をやるか知らないというテイでツッコミをしていくものですが、コント師の漫才風は、そんなツッコミ出るわけないやん、みたいなのもアリになってますからね。

コント師が漫才をやることは基本いいことやと思います。ただ難しいのが、広げれば広げるだけ伝統が薄くなってしまうことです。だから漫才がこの先どうなっていくのかはわかんないですね。**たぶん、お笑いというものがすごく偏っていく、ニッチなものになるとは思います。**そういう時代になってしまうのではないかという恐怖心は正直あります。僕らNON STYLEは道端で始めたので、「そこらへんで簡単にできて誰でも笑える」といったコンセプトがあるんですけど、そういうお笑いができる人がどんどんいなくなっていくんやろなと。

ストリートでやっていてよかったのは、伝える能力値が高くなったということです。僕がNSCの授業で今の若い人の漫才を見てても、スマホやテレビの画面を眺めているような感じで、現場にあふれるようなエネルギーが全然こっちに飛んでこない。でも昔の漫才師はバコバコエネルギーが飛んできたんですよ。今は（漫才やコントが）いつでも見られるような時代ですし音量もいくらでも調節可能、だから、それはしゃあないです。でもそのエネルギーみたいなものはどんどん減っていってる。

僕らにとったら漫才は映像じゃない。

でも今の若い人たちからしたら、漫才は映像系、動画系のカテゴリーなんですよ。僕らは漫才といえば寄席とか演芸ですが、**今の時代は漫才が「面白い動画のひとつ」になってしまっている。**見ようと思って見るのではなく単純に流れてきたから見る。自分のコンディションで音上げたり下げたり、画面の大きさも音量も明るさも変えたり、ベストな状態に調節できるじゃないですか。だから今の若手はそこに頼ってしまう。

一応マイクは置いているけどサンパチマイクの効果は出してないやんか、じゃあなんで今マイクが通っているテイでやってるの、その声では俺には届かへんよ、俺に伝えたいんでしょ、俺に伝えんと、と。なぜ、そういうことになってしまっているのか。それは自分たちも見ることが当たり前になっていて、見てもらえることが当たり前という感覚があるからでしょう。でもこっちはワクワクしないですね。この漫才、映像見てるみたいやなあって。

たしかに技術自体は上がっていると思うんですけど、動画が簡単に見れる時代になって、芸人の吸収力が劣っているんです。**僕らが子供だった頃はこの番組見忘れたら一生見られへんとか、録画し忘れたらもう見られへんという時代やったんで、見た瞬間の吸収力がえぐいんですよ。**今の子たちはいろんな動画をめちゃくちゃ見てるので、手段だけ覚えていて、本質を摑めていない。だから「それっぽい」子たちは増えています。だけど

漫才師がお客さんと作り出す

本質わかってへんから、体幹グラグラなんですよ。

——これまでのM-1で一番エネルギーを感じたのは誰でしたか?

石田　ブラマヨ（ブラックマヨネーズ）さんです。漫才師が二人だけで展開すると、二人の間でエネルギーが行き来するだけですが、お客さんを含めた三者でそれをやるとエネルギーがうねりになるんです。そうなるともうその漫才師の独壇場です。2005年のM-1でブラマヨさんが優勝したときのネタは最初の1分くらいはそんなに笑いがなかったんですが、徐々にお客さんを巻き込んでえげつないエネルギーが生まれた。ほんとあのときのブラマヨさんは群を抜いていましたね。

エネルギーはお客さんと作るものなので、お客さんを参加させることが大事なんです。お客さんに意見を持たせるんです。漫才を作る上で、ボケが加害者なんですけど、ツッコミに意見を持たせへんとサクラになる。**ツッコミにもちゃんと賛成か反対か意見を持たせるわけです。**たとえば相方の井上が「神社行くの好きなんですよ」って言ったら、俺は「神社行くやつ嫌い」と一つの意見を作る。ここでお客さんにもっと意見を持ってもらいやすくするには、「神社行くの好きなんですよ」のあとに「女性の方もそうじゃないですか?」と付け加えると「そうそう!」とか「私は女性だけど好きじゃないな」とか意見を持って漫才に参加できる。

――過去の動画をいくらでも見られる環境になると、「M-1への最適解」を出している芸人さんもいるのではないかと思います。M-1優勝の近道ってあるのでしょうか?

石田　**正解かどうかはわかんないですけど、M-1の勝ち方というのはあると思いますよ。まあでも、準決勝が一番難しいんでね。実は決勝の勝ち方はそんなに難しくない。**決勝は準決勝を引きずってくるんで、準決勝でバカウケした芸人が決勝でウケるかというとそうじゃない。

準決勝と決勝とでは、お客さんのお笑いの感度も違う。準決勝のお客さんはお笑いの感度が高い人が多い。つまり、面白さにすぐ気づける人が多いということです。この人が気づくことで別の人も気づいて……という連鎖が起こる。でも決勝のスタジオではもっとマスに近い一般のお客さんが観覧するので、面白さに気づいた人がいても全員に蔓延しません。なので、難しいことをそんなに待ってない。

僕らがほんまに面白いことって、お客さんって笑わないんですよ。だから、面白い芸人ほどラインを下げているわけです。でも難しいのは、ラインを下げたらウケるんですけど下げたくない自分もいる(笑)。誤解を恐れずに言うと、M-1決勝では「面白さ」はそんなに重要じゃないんだと思います。漫才はただの娯楽です。その日一番ウケた人が優勝するだけなんで、**おもろいことをしすぎてたら勝てない、適度な面白さが大事なんです。**僕らはそんな面白くないんで、まっすぐやったらある程度イケる。ちょい落としらいが一番ウケる。でもほんまに面白い人たち――たとえば笑い飯さんのような――は万人ウケするためにめっちゃ下りてきてくれてるんですよ。その中で、誰も思いつかへんような設定をやって、でもベタなこともやって。時代の流れもあるので一概には言えないですけど、M-1の勝ち方はある程度はあると思いますね。

「万人ウケするために下りてきてくれる」笑い飯

「二人だけでウケてても絶対にスベらない」中川家

でも、**理論でM-1グランプリ獲ってる人は一人もいないのも事実。結局、エネルギーに勝るものはありません。どんなにおもろくてもボケではなく、エネルギーしかスタジオの空気を変えることはできないんです。**漫才師がコント師に唯一勝てるのはエネルギーなんですよ。生の人間から出るエネルギー。漫才っていうのは、「ボケ面白いな」よりも**「やりとり面白いな」**が勝ちなんですよ。たとえば、ロングコートダディや男性ブランコはめちゃくちゃ作品が面白い。で、ウエストランドやさや香はエネルギーが飛びかっている。ウエストランドはエネルギーを飛ばして冷やしてというやりとりをずっとずっと続けている。でもコント師はエネルギーをあまり使わない方々が多い。それがコントの作り方なんでね。

吉本興業創業110周年特別公演「伝説の一日」でダウンタウンさんが漫才したとき、テンポなんかめちゃくちゃ遅いわけですよ。でも劇場内パンパンに粒子的なもの――お客さんの期待とか緊張感とか――がバァーっと詰まっているわけです。**ちょっとでも穴空いたら爆発して**

しまいそうな。だから間《ま》が埋まっているんです。一方でネタによっては埋まってへん間というのもある。**だからいい間というのは「次何言うんやろ？」って、お客さんがぐーっとズームが入るんです。**でも、ただの間ではお客さんは「ん？」と思って集中力がなくなってしまう。M-1でのスリムクラブも、あの独特の間にズームが入るから「何言うの？　何言うの？　ツッコんだぁ！」って爆発的にウケたわけです。エネルギーをうまく伝えている人たちはすごい。だからボケが面白いとかの話ではなく、やりとりや雰囲気が面白いことが大事です。

芸人から見た「お笑い」論 vol.1

NON STYLE

ISHIDA AKIRA

これができるとスベってもいいんですよ。**スベってでもお客さんは楽しいから。**でもボケだけを重視してる人たちは、スベったときは目も当てられない。共感性羞恥心というやつですかね。

中川家さんはアドリブが楽しくなって10分出番で25分もやったりして、その途中で二人だけしか笑ってないこともあります。でも、「スベってんな」とはならない。**お客さんもニヤニヤして「ええもん見れてるわ」と思う。**やっぱりお客さんと一緒に作らないと漫才って成立しないんです。

賞レースで勝てるネタとは「すべての場所でのウケ方が均一なネタ」である

――この本のもう一つのテーマである「お笑いや漫才に再現性はあるか」、つまり、プロの芸人さんの芸を科学やテクノロジーで徹底的に解析すれば、芸人さんの芸を素人に移植することはできると思いますか？　それとも芸人の芸はアートだから、科学では絶対に分析できない「何か」が存在する？

石田　お客さんは毎回替わりますし、ある劇場でウケたネタが別の場所でもウケるとは限らないですし、その意味では**「笑いは再現できない」**です。演劇界で**「二落ち」**という言葉があるんですけど、初日がよかったからと、それをなぞっていると2回目は落ちてしまいます。漫才なんてそれが日々繰り返されているんですよ。台本通りやることを目指している人は、やっぱり昔よりもウケてない。その場の感覚で間も変えなきゃいけない。**やっぱりお客さんを感じ取らんと、漫才って成立しないんです。**だから同じ喋りでも言い方も毎回違うし、ボリュームからボディタッチから、その日その日で全然変わります。ただ井上が全然乗ってへんとかで、ただただ遂行だけしてる中、僕だけがお客さんに反応していた時期は、やっぱり全然ウケなかったですね。

お笑いの再現性が難しいのは、ネタ以外の環境に左右されるというのが大きいのかもしれない。ただ、ロジカルに考えて笑いの本質に近づくことはそれなりに可能だと思うんですね。たとえば、**大喜利なんかはただの組み合わせなので、AIでもおもろい答えは出てくると思います。**でもやっぱりどういう場所で、どういう人に対してやっているかで全然違いますね。たとえばM-1のネタをやらなくなる人は、そのネタがウケへんからです。あれはM-1のときにピークを迎えてしまう、大会という土台の上で成立している漫才なんです。だから、そのまま寄席でやってウケるかというとウケにくい。全然ちゃうもんです。もっといえば**寄席でウケへんかった方がM-1でいけそうとか、寄席でウケまくってる方が逆に「このままのネタでM-1勝てるやろか」なんて不安になったり、そういうこともあります。**

劇場やら単独やらいろんなところで調整して、すべての場所でのウケ方が均一くらいが、ほんまに勝てるかもなというネタですね。

昔baseよしもとで僕ら、困るくらいウケてた時期もあったんですが、NGK（なんばグランド花月）に呼ばれて行ってみたらゼロウケなんですよ（笑）。次悔しいからNGKでウケる用のネタを作って、NGKでふんわりウケるようになったと思ったら、今度は同じネタがbaseよしもとでめちゃスベる。なんやこれってなって。これを調整して調整して、NGKとbaseよしもとの受け方が均等くらいになったタイミングで賞をもらうようになりました。

baseよしもとでは、ワードやスピード感など若い人に特化してたなと思うんですけど、でもよくよく考えたらスピードなんかはオール阪神・巨人師匠の方が僕らよりも速いんです。でも師匠の言葉は聞きやすい。なんでかと思ったら聞くべき言葉だけをつぶ立てて強調してるんですよ。たとえば、今の子たちは「りんごが落ちた」とさらっと言う。でも「りんごが落ちた」と「り」と「落」をしっかり強調するだけで伝わる量が違う。りんごに印象を置くか、落ちたことに印象を置くかも考えるポイントになる。**ベテランの伝える技術は圧倒的にすごいし、こういうことは、科学で簡単には分析できんとちゃいますか。**

――ここまでのお話でも痛感しているのですが、石田さんのお笑いの言語化能力は本当にすごいですよね……。

石田　誤解されると困るんですけど、僕はいまだに漫才の解説や言語化をやりたいわけじゃないです（笑）。数年前にM-1の直後（ナインティナイン）岡村さんと（博多華丸）大吉さんに「どやったM-1？」って総評を話そうみたいな感じで呼び出されたことがあったんです。お笑いやっている人たちやったら共通の認識があるから、「あの人のああいうところってよくないじゃないですか」「あいつらってボケがおもろいだけじゃないですか」と言っても「まあ、そやな」って伝わるんです。で、岡村さんが「石田の話おもろいなあ。もったいないからラジオでやろう」と言ってくださったんですが、「ダメですよ、わかってる人たちの前で言ってるからおもろいんです。こんなん今言ってもわからないですよ」「いや石田やったらできる、もう呼ぶことに決めた」って。そこから毎年「答え合わせ」をさせられるようになって（笑）。呼ばれたからには、雰囲気の話ばっかりしてもわからへんから、どういう風に喩えたらいいのかと考えました。**僕は基本ゲラ（笑い上戸）なんで、1回目は普通のお客さんとして見るんですけど、後で喋れって言われるから……あらためて、アラを探すために見る……。**

イヤな役割ですよ。僕はもともとお笑いファン、ただの追っかけなんです。ただ、ネタ見てるときに違和感として引っかかるものはあります。「おもろい、でもな……」という。「なんでこの後、絶対伏線回収するためだけのボケをここに入れてるんやろ」とか「伏線回収はやっ！　何してんねん」とか。**今の時代は伏線回**

収がやたらもてはやされますけど、そもそも伏線回収ってめちゃくちゃ簡単です。ただ後ろから作っていくだけですから。前半でウケてこそやろと思うんです。「大丈夫かな？　あーよかった、伏線回収できた」と感じてしまうネタは、僕からするとめちゃくちゃ減点ですね。

——もしご自身がM-1審査員を任されてNON STYLEの漫才を採点するとしたら。

石田　何点になるんすかね（笑）。でもM-1で優勝したときのネタの評価は、僕の中で低いですよ。**あの頃って、実は反則いっぱい使ってる。**井上になんでこんなこと言わせたんやろ、みたいなくだりがあるんです。井上が僕のサクラになっているというか、ただ笑いを取るためだけの存在になっている。僕はそれが大嫌いなんです。でもこの後の僕がボケやすいがためにその一言を言わせたりとか、あの頃よくやってました。そういうのがバレへんように、ボケの質の低さとかも気づかせへんように、ハイスピードでやっていた。まあ、時代もあったんでね。「爆笑レッドカーペット」ブームで、当時は1分の漫才、速い漫才に慣れている時代やったんです。僕らが優勝した2008年のM-1はみんな速かった。でも、俺らほどスピードを出せる人もいなかった。だから（順番を決めるくじ引きで）キングコングの前後引けって思ってました。キングコングって速いイメージあるじゃないですか。でも俺らと比べると遅く見えるんで、直近で並んだことによってスゴさが際立つぞ！　みたいな（笑）。運も味方したというか、いや、ほぼ運ですね。

——ノンスタの漫才には井上さんの見た目をイジるという普遍的な面白さがありますが、一方でルッキズムの問題も横たわっています。石田さんはそうした価値観の変化をどのように捉えていますか。

石田　ルッキズムがどうとかは関係なく、僕は井上イジリをやり続けると思います。**言葉って器なんですよ。つまり、「その器にどんな感情を込めるか」が重要なんです。**たとえば、「黒人」という言葉がありますよね。ひと昔前は、「黒人」という言葉にすごく嫌な感情を込める人が多くいたので、そういう場合は「差別」につながっていた。ところが時代が変わって、黒人はカッコイイ、美しい、といった、徐々にリスペクトの感情が入るようになってくると、その「黒人」という言葉は差別ではない。**今の時代は、言葉を文字だけで捉えて批判するというか、器そのもので判断してしまうケースがあるように思う。**僕が井上のことを「ブサイク」と言っても、そのブサイクという言葉には嫌な感情がこもっているわけではないし、彼を陥れようとかそういう感情が入っていないから、お客さんには笑ってもらえる。僕は言葉という器そのものではなく、その中身にこだわっているので、コンビとしての僕らはただ戯れあっているようにしか見えないんです。

僕らの何がいいって、顔がトントン、似たようなレベルの顔の二人（笑）。これが僕が男前やったら笑いが成立しないでしょう。ただの小競り合いを見せてるだけで、お客さんからしたらどっちでもいい。**井上がナルシスト的な感じを出したらお客さんが違和感をおぼえて「石田さん対処してくれますよね」という空気になり、俺がやっつけているだけです。**二人で楽しんでいて、なおかつ言われる側がキャラや存在が強いわけです。アインシュタインだって、（アゴが特徴的な）稲田直樹の方が強いんです。なんでこんな強いの？　という笑いの楽しみ方が常にあるわけですよ。お客さんからしたら、何を言われてもびくともしない不死身な存在っておもろいじゃないですか。

あと、僕は僕で単調にイジリたくない。だから、たとえば「足短い」という表現も、**「今日、太もも忘れてきたの？」**みたいな言い方をする。とんでもない言い方ですけど、「短足」より「太もも忘れてきたんですか？」って、もはや相方に対する心配ですよね。僕らはルッキズムと誤解されかね

言葉は単なる器、そこにどんな感情を込めるかが重要

ないネタをやりますけど、出し方を楽しんでます。昔は「死んだら？」って言って、すぐ笑いが取れる時期がありましたけど、今はそういう時代じゃなくなって、**「後でカラフルなキノコ食べてな」とか「後でヘリコプター飛び立つところで肩車させてな」**とか、殺《や》ろうとしているのは同じなんですけど、言い方を変えることを楽しんでいるというか。ただの悪口じゃないということは心がけていますね。こういうマインドの人が増えていくと、単純に言葉を器だけで捉えない人が増えるんちゃうかなと思ってます。それで少しずつ言葉の器の中身を見る人が増えていくといいなと。

　ただ……「ベタが最強」とか「アホが才能」とか「言葉は器だ」とか、**今日いろいろお話ししたお笑いの構造の秘密をお客さんに理解されると、こっちはやりにくくなるんです**（笑）。でも、やっぱり今は「種明かしの時代」で、それを求めている人が多いということなんでしょう。だから、僕が真面目に言うことがボケになったりするんですかね。

芸人のSNSアカウント相関図から「売れる芸人の戦略」がわかる？

坂田一郎
Sakata Ichiro

ファン層が似ている芸人同士を
近くに配置した「芸人相関図」

芸名・活動歴などは当時（以下同）

注：図全体を見やすくするために、フォロワー数が多い
アカウントは修整して小さくしています。実際のフォロ
ワー数を反映させた図は26ページを御覧ください

OWARAI

PART 1

SCIENCE

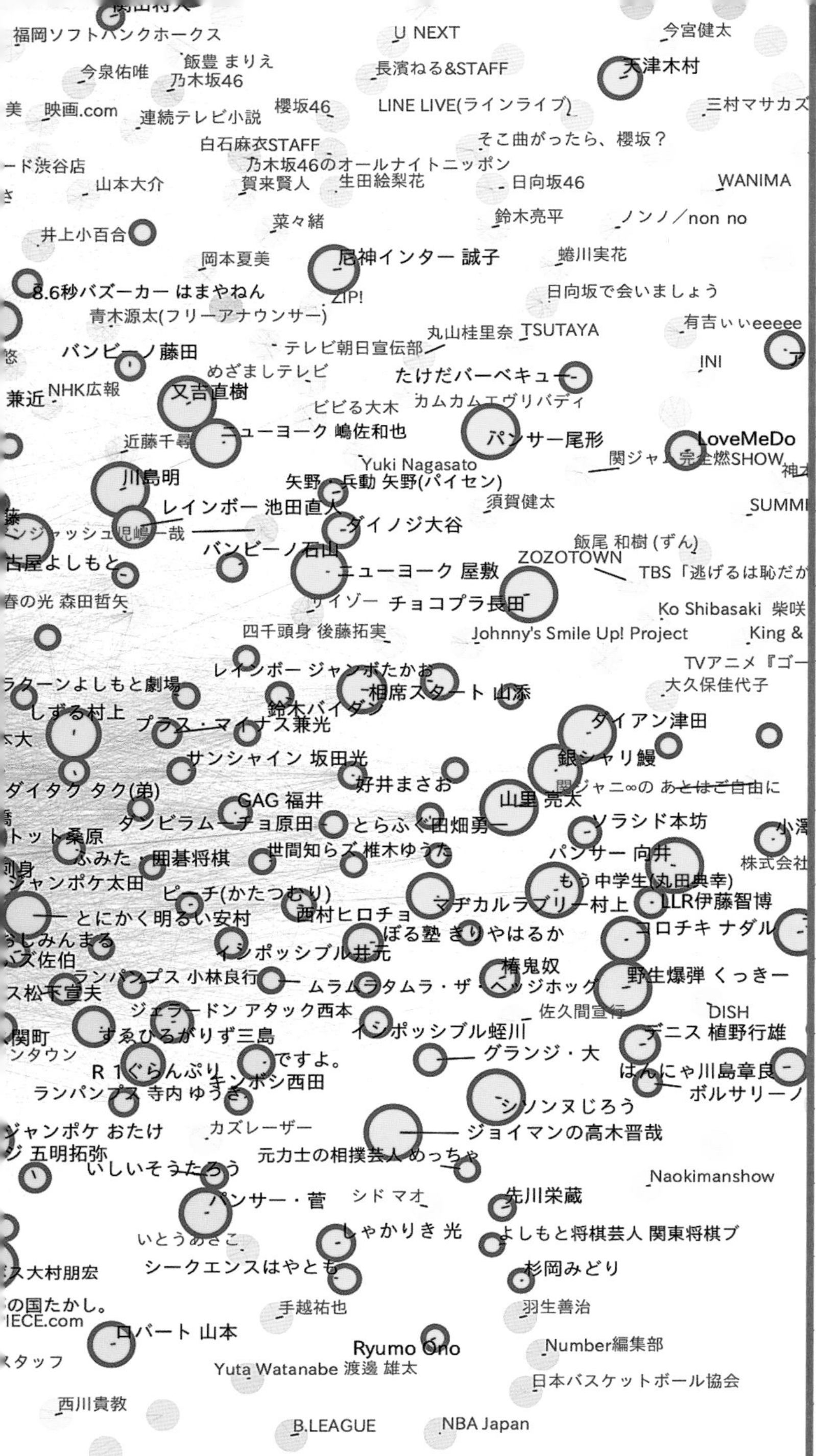

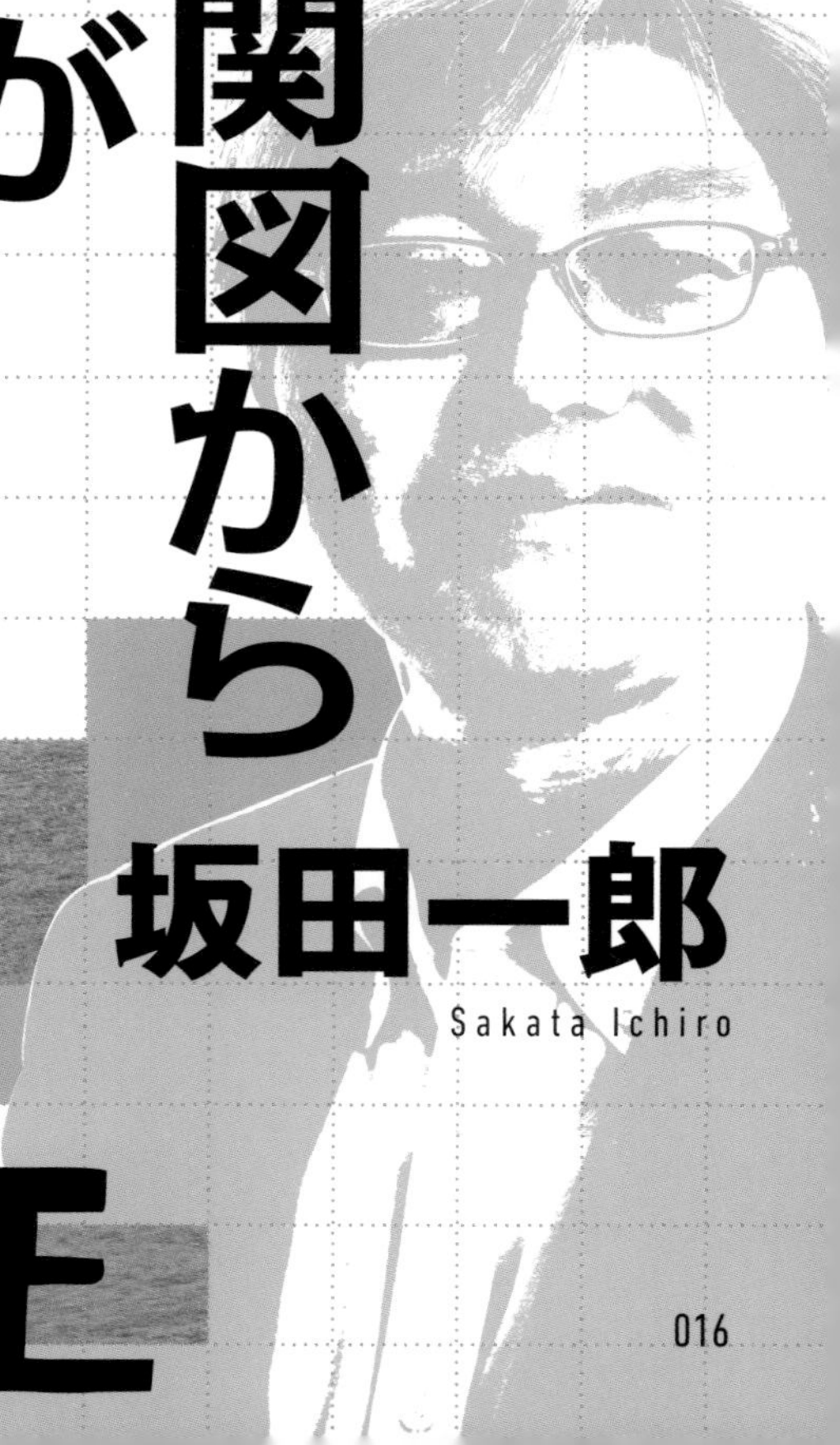

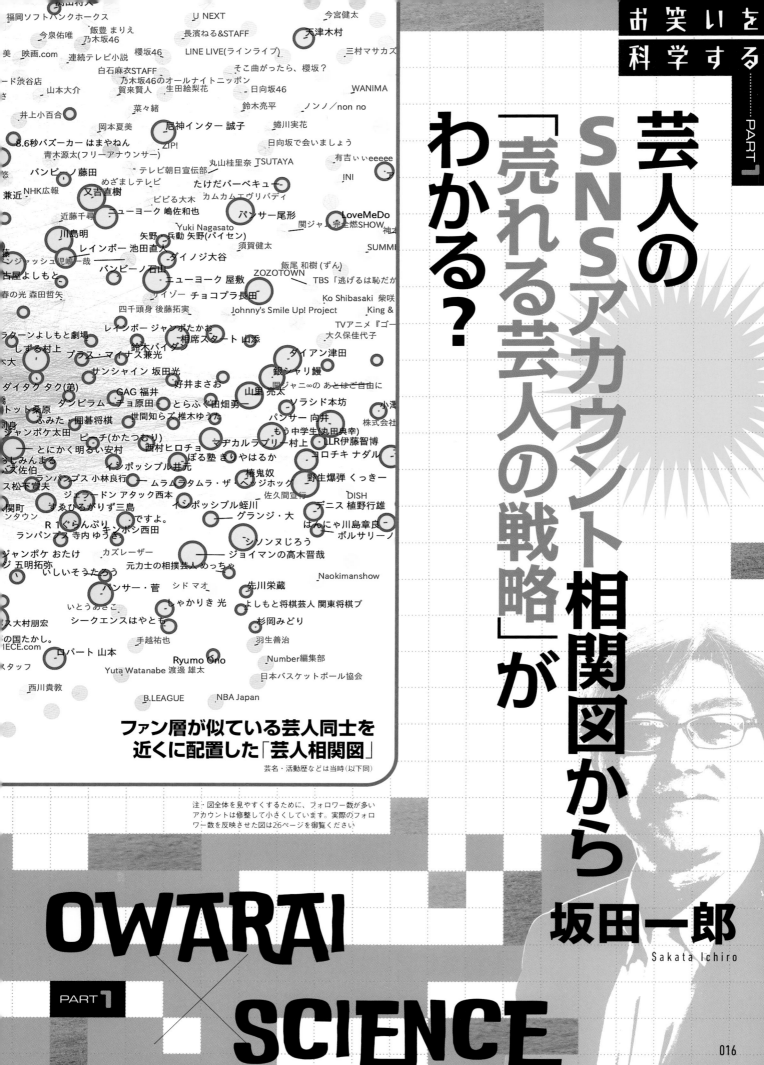

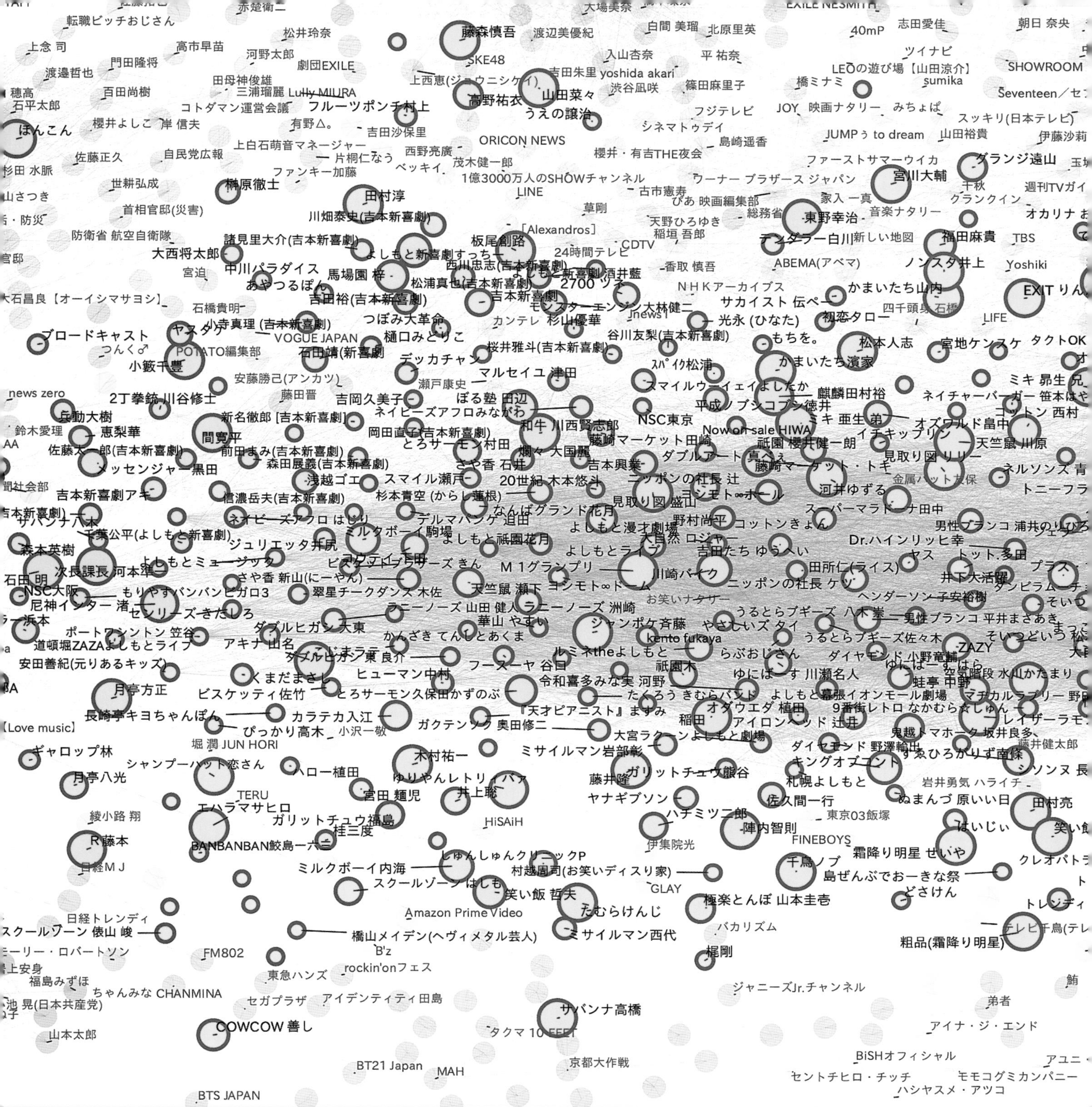

これは、吉本興業の芸人の「誰」と「誰」のファンが被《かぶ》っているかを、一枚の大きな図にしたものです。**芸人さんたちのツイッターアカウントを使ってそれぞれのファン層が似ている芸人さん同士が図の中で近い位置になるように配置してみました。**

自分で言うのも何ですが、これ、**かなり面白いデータ**だと思います（笑）。当の芸人さんやファンの皆さんも気づいていないようなことがいろいろわかるのではないかと思うからです。

図の作り方を簡単に説明すると、こんな感じです。

まず、約1000名の吉本の芸人さんのツイッターアカウントからツイートやリツイートのデータを大量に集めます。

今回の研究では、2022年5月以降のTwitterからデータを取得し、約1000人の吉本興業所属芸人と、その他フォロワー数が多い約2500人の有名アカウントによるツイート（およそ50万～100万件）を解析しました。投稿をリツイートした人をそのアカウントのファンと仮定し、ファン層が近いアカウント同士を線で結んでいます。投稿をリツイートしたユーザー（ファン）の層が似ているということは、投稿のテーマや内容も近い可能性が高く、そこからアカウントの類似度がわかると考えたからです。最後に、似たアカウント同士を結ぶ線が効率的に（短く）引かれるような配置をアルゴリズム（計算方法）によって導き出すことで、類似度の高いアカウントが近くに位置する図が完成します。この図の配置は、人の手によるものではなく、アカウントの類似度が一目でわかるよう、計算によって導き出されたものなのです。

 TEXT｜陰山涼　PHOTO｜柏原力

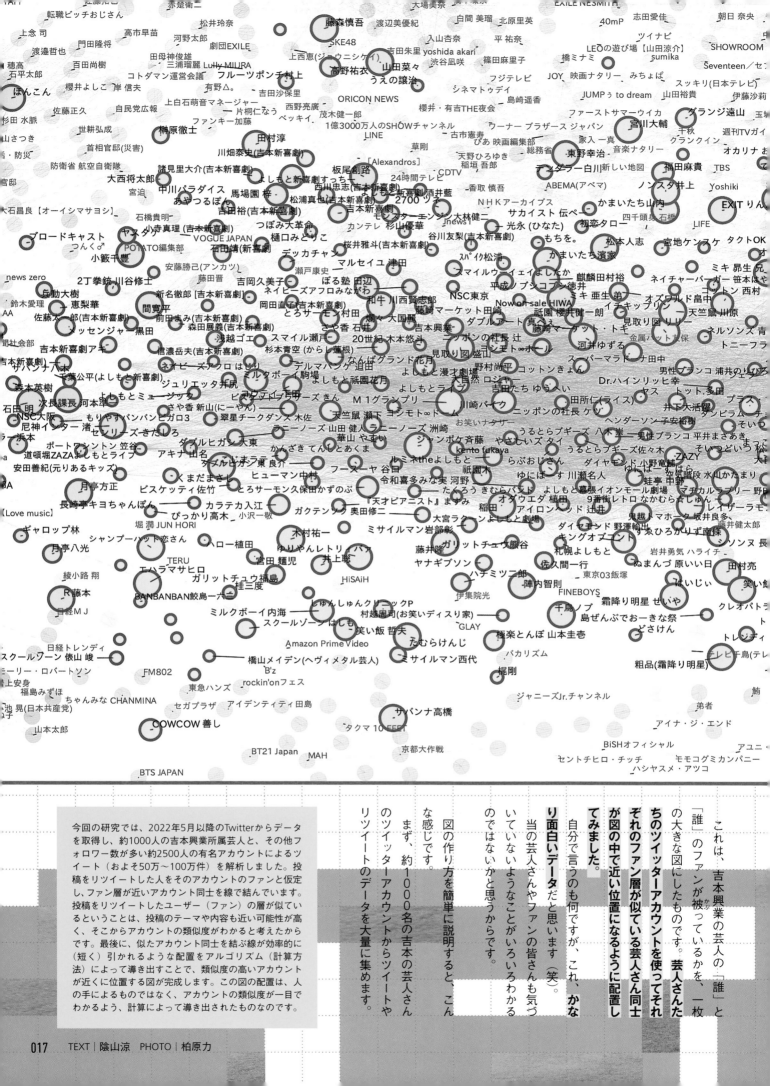

たとえば、**ゆにばーす川瀬名人さん**の投稿（ツイート）をリツイートした人を、ゆにばーす川瀬名人の「ファン」と仮定します。**もしも、川瀬名人のファンの多くがアインシュタイン稲田直樹さんの投稿もリツイートする傾向があれば、両者はファン層が近い（ファンが被る）関係にありますから、この図の中では近い位置に配置される**――という仕組みです。また、ゆにばーすのはらさんの近くには、マヂカルラブリーの野田クリスタルさんがいますが、これも同じ理屈です。ちな

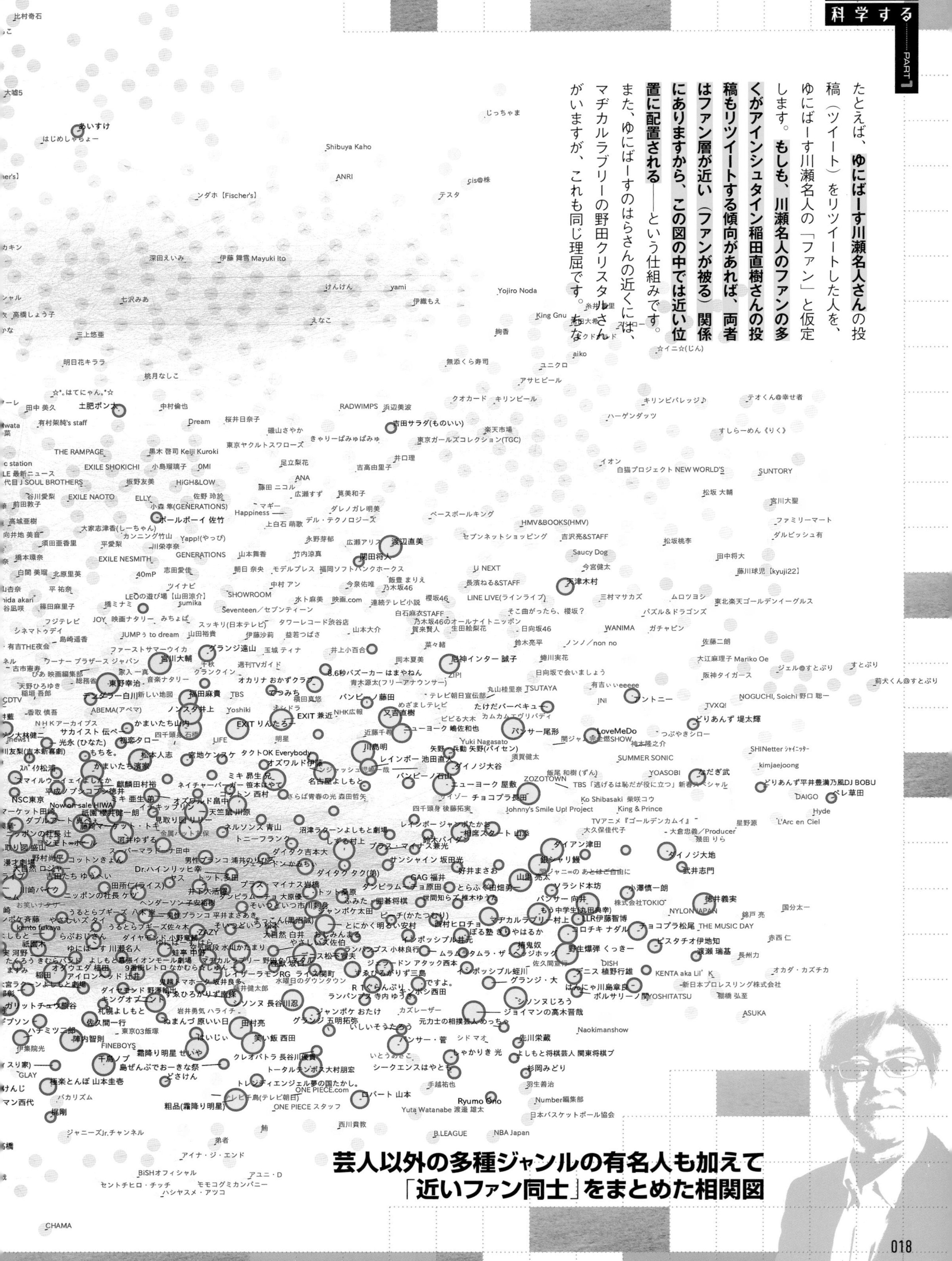

芸人以外の多種ジャンルの有名人も加えて「近いファン同士」をまとめた相関図

OWARAI × SCIENCE

みに、1つ1つのマルがアカウントを、それぞれのマルの大きさがフォロワー数の多さを表しています。

このページの図は、さらにいろんなジャンル（クラスタ）の有名人、約2500のアカウントも同じような仕組みを使って混ぜ込んだものです。著名なタレントやアーティスト、アスリート、歌手や声優、YouTuberやアニメ・政治クラスタ（集団）にいたるまで、いろいろなジャンルの有名人・アカウントのデータも集めて、それぞれのクラスタも可視化し

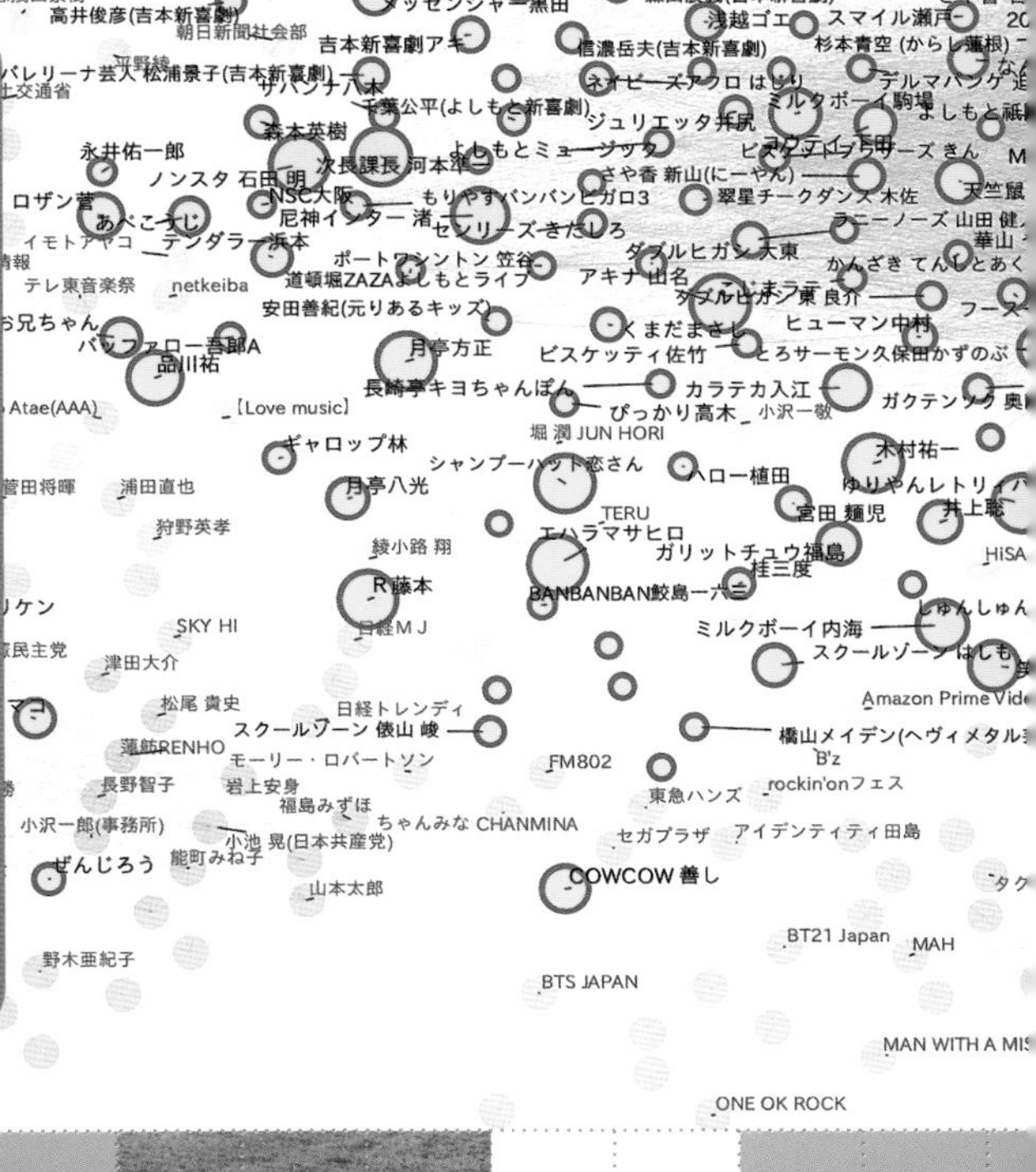

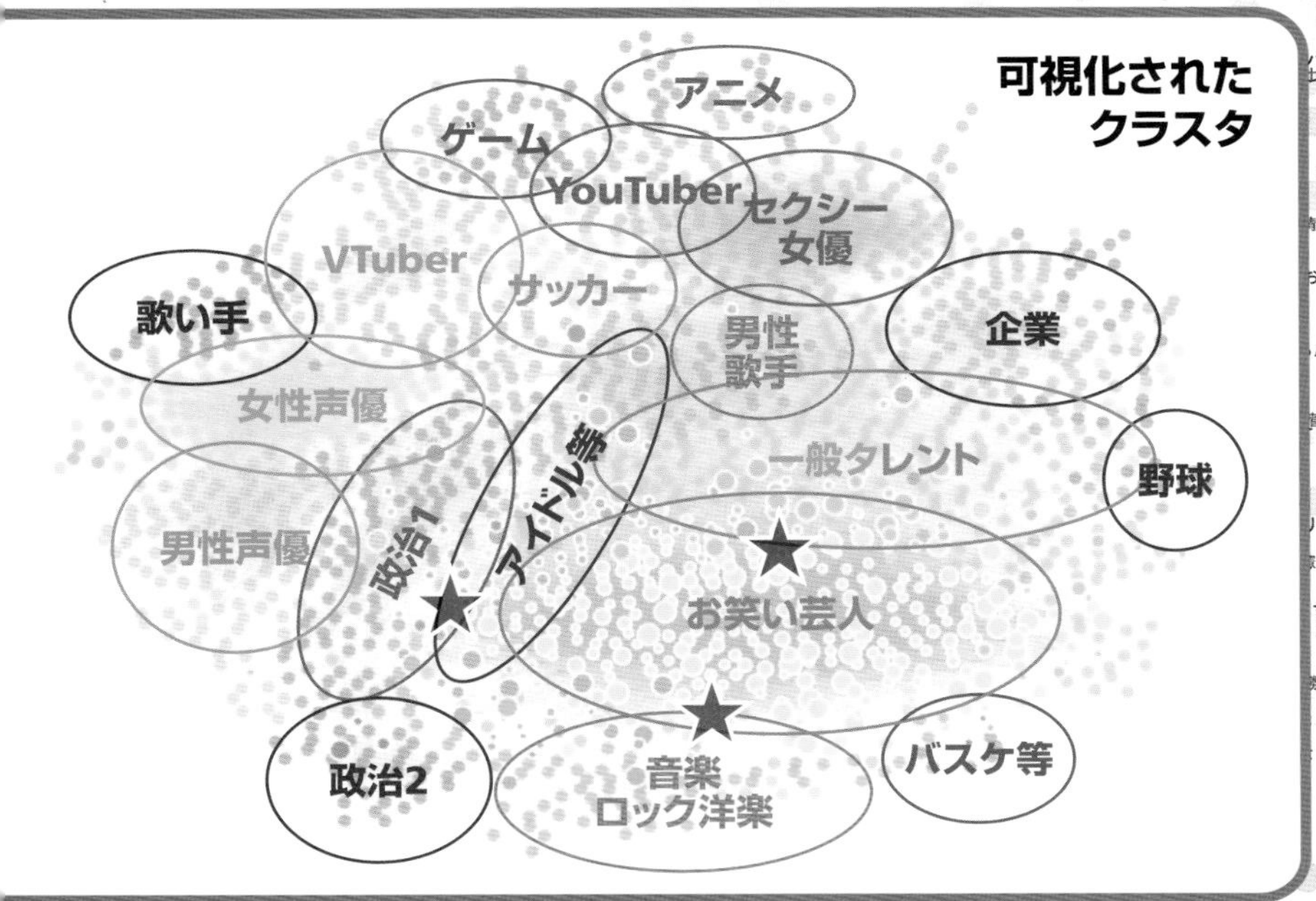

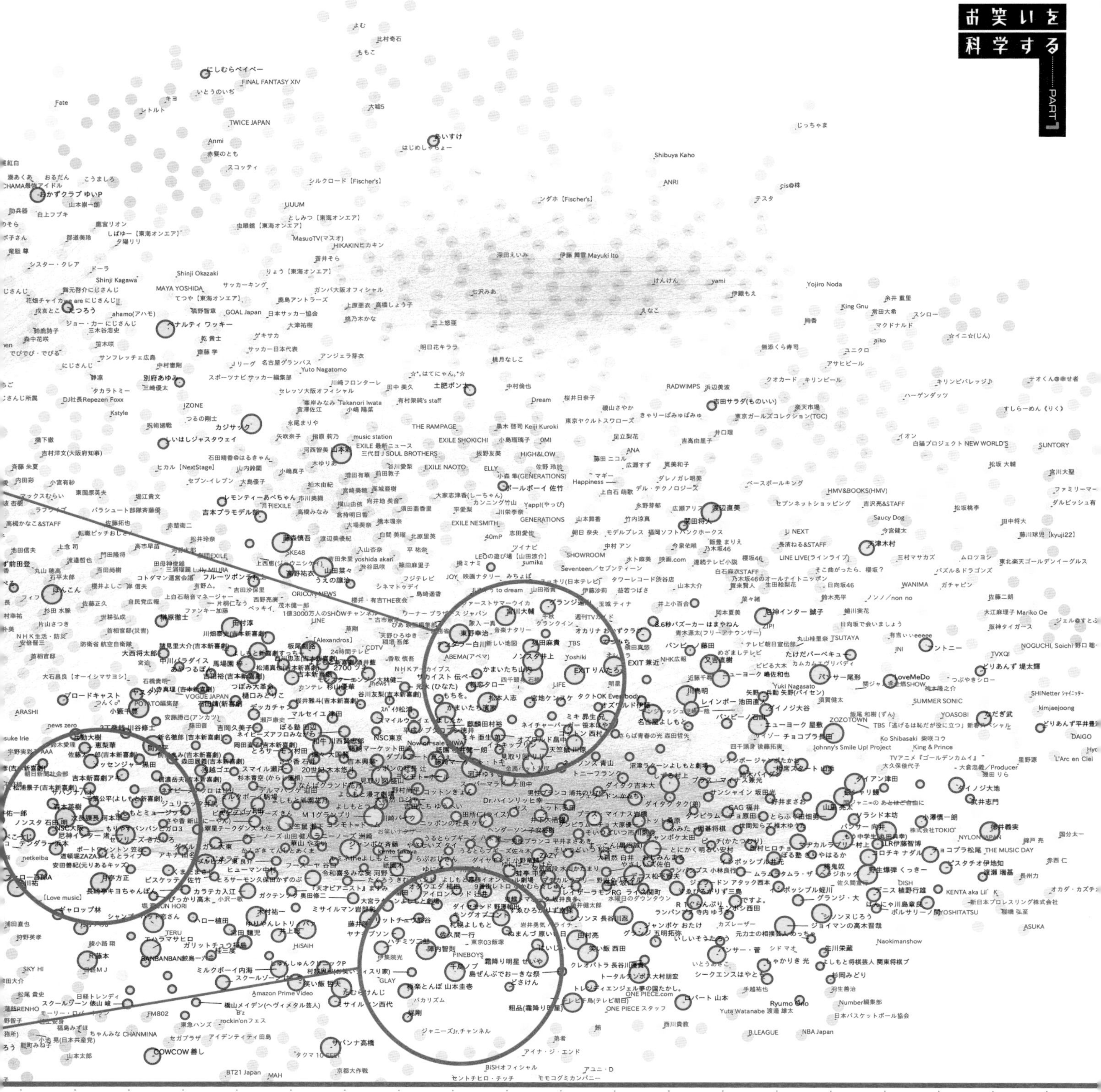

ています。その結果、**ミュージシャンとファン層が似ている芸人、声優とファン層が近い芸人などがわかります。**

重要なポイントは、それぞれの芸人自身のアカウントやツイートではなく、「ファン」という一般ユーザーの行動データを使って分析を行っていることです。つまり、この図に表れているのは、芸人本人の「意識」ではなくて、ビッグデータとして集められたファンの皆さんの「意識」なのです。**多くのファンが、それぞれの芸人や有名人をどのように思っているか、どんなふうに考えているかがわかる、つまり、大勢のファンの頭の中をつなげたような図なのです。**

ツイッターをはじめ、SNS（ソーシャル・ネットワーキング・サービス）での発信は、いまや芸人さんにとっても欠かせない活動になっています。YouTubeやTikTokでブレイクするタレントさんも増えるなか、SNSでの人気は重要な要素になっています。私たちが好きな芸人のアカウントが、全体の図の中でどのようなポジションにあるのかを知ることで、人気の秘訣がわかるかもしれません。また、当の芸人にとっても自分のファン

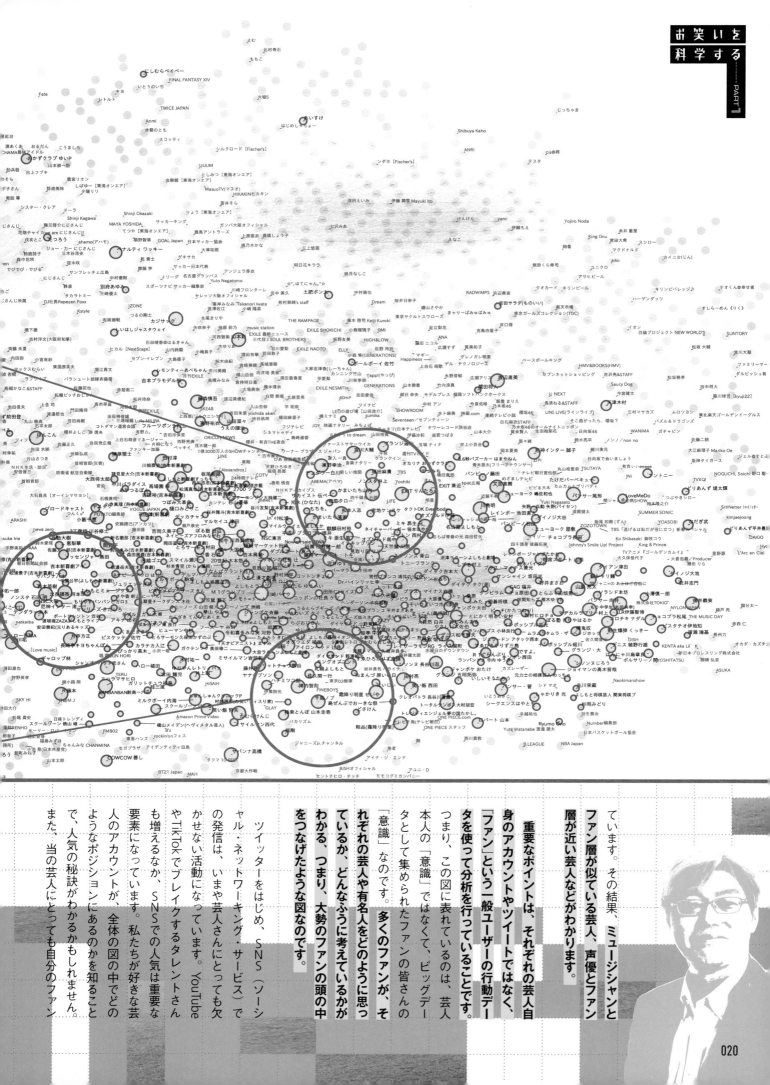

OWARAI × SCIENCE

「ファンが被る」相関図から多くのことが読み取れる！

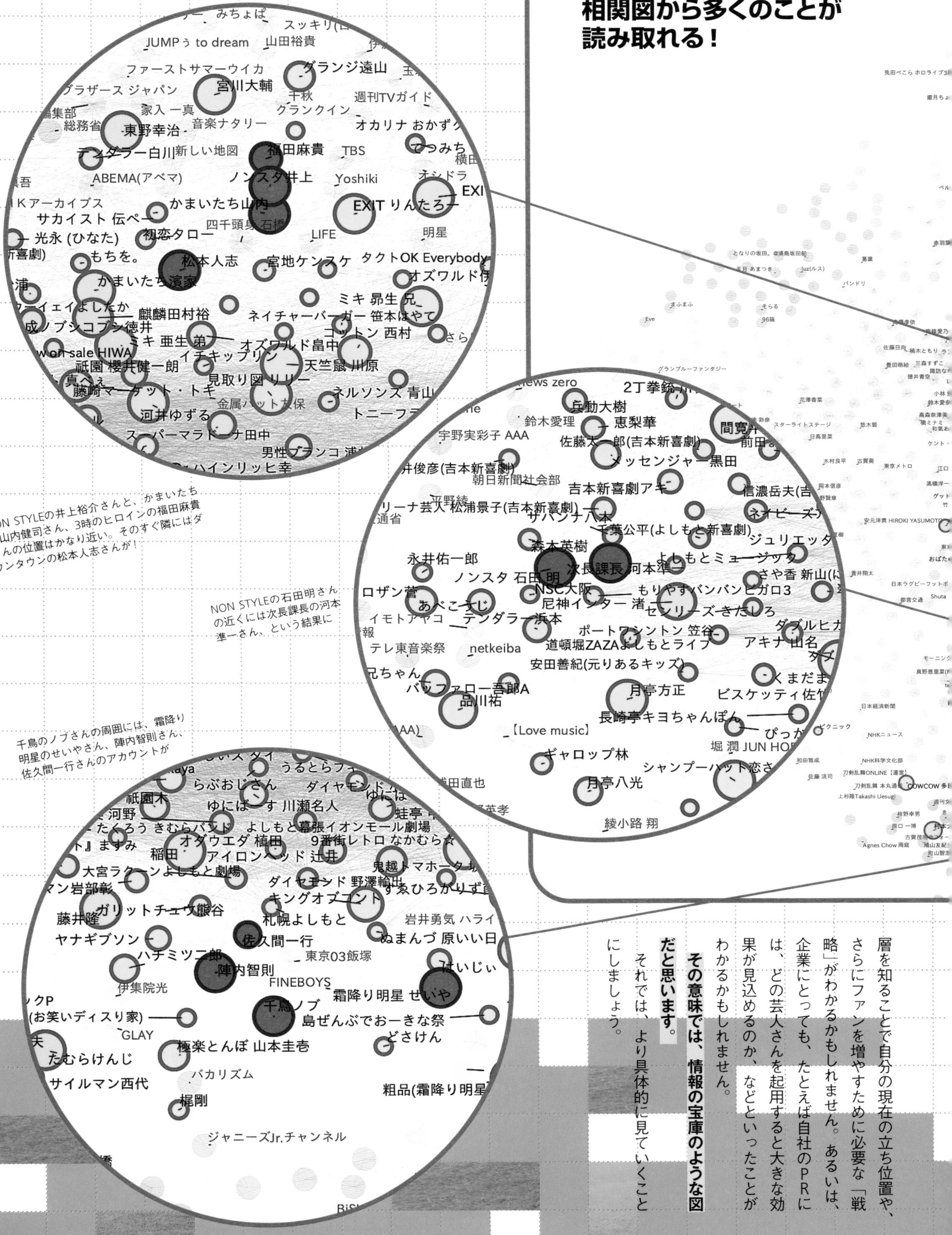

NON STYLEの井上裕介さんと、かまいたちの山内健司さん、3時のヒロインの福田麻貴さんの位置はかなり近い。そのすぐ隣にはダウンタウンの松本人志さんが！

NON STYLEの石田明さんの近くには次長課長の河本準一さん、という結果に

千鳥のノブさんの周囲には、霜降り明星のせいやさん、陣内智則さん、佐久間一行さんのアカウントが

層を知ることで自分の現在の立ち位置や、さらにファンを増やすために必要な「戦略」がわかるかもしれません。あるいは、企業にとっても、たとえば自社のPRには、どの芸人さんを起用すると大きな効果が見込めるのか、などといったことがわかるかもしれません。

その意味では、情報の宝庫のような図だと思います。

それでは、より具体的に見ていくことにしましょう。

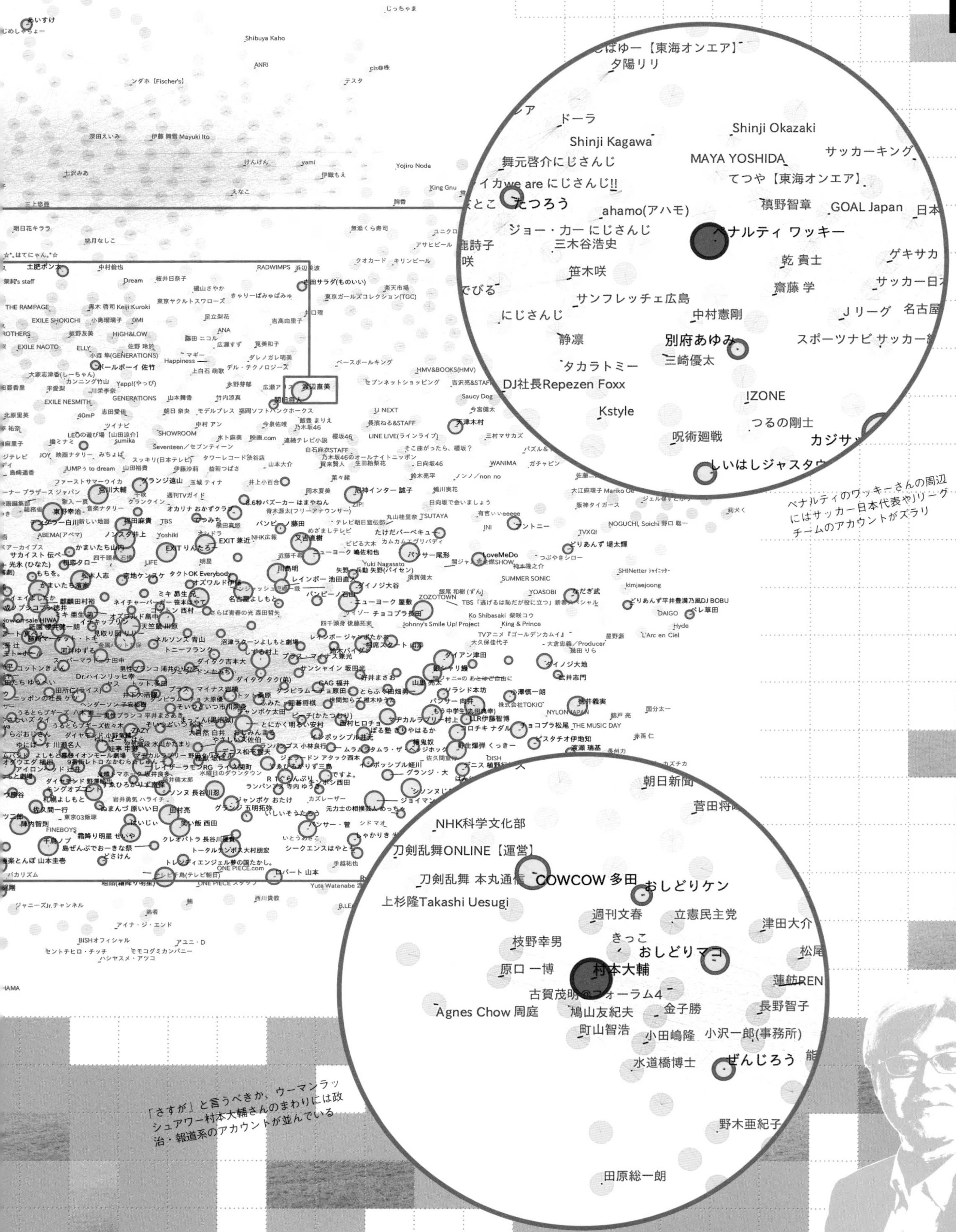

ペナルティのワッキーさんの周辺にはサッカー日本代表やJリーグチームのアカウントがズラリ

「さすが」と言うべきか、ウーマンラッシュアワー村本大輔さんのまわりには政治・報道系のアカウントが並んでいる

OWARAI × SCIENCE

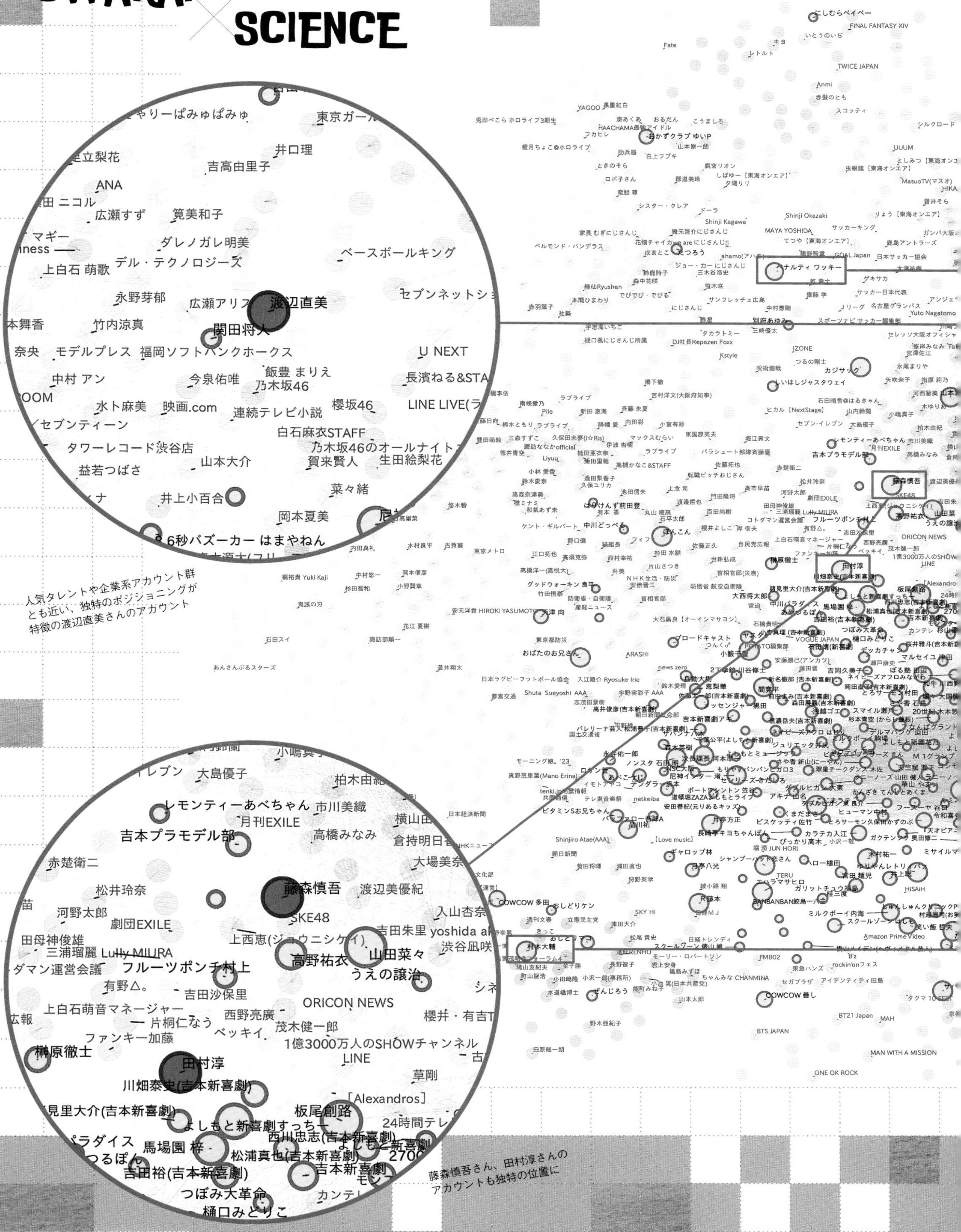

人気タレントや企業系アカウント群とも近い、独特のポジショニングが特徴の渡辺直美さんのアカウント

藤森慎吾さん、田村淳さんのアカウントも独特の位置に

分析1 コミュニティの内と外

芸人さんが、より多くのファンを獲得したい場合、SNSにおいては、自分が属しているコミュニティの内と外、どちらへ向けて発信すべきなのでしょうか。

どちらのスタンスにも、それぞれ異なるメリットがあると考えられます。たとえば、近しい仲間と関係を深めていれば、集団的な盛り上がりから受ける恩恵が大きくなるはずです。芸人さんの場合では、芸人クラスタ内での関係を強めることで、M-1グランプリのような大きなイベントの際に、**クラスタ全体の盛り上がりの影響を受けて、自分の投稿も注目を集めやすくなるでしょう。**

一方、芸人コミュニティの外に向けた発信は、**他の芸人さんとの競合が少なく、独自のファン層を獲得することが期待できます。**特定ジャンルのファンの規模にはある程度の限界がありますから、その中だけで競争するのではなく、普段そのジャンルに関心のない層にも訴えることが、SNS上で大きな影響力を得るために重要だと考えられます。

この点に関連して、吉本の芸人さんが集まっているクラスタを詳しく見てみると、面白い傾向が見られます。他の多くの芸人さんとファン層が被っている、つまりクラスタの中心部にいる芸人さんのアカウントよりも、少し離れた周縁部のアカウントの方が、大きな影響力を持っているようなのです。**ダウンタウン松本人志さんや千鳥ノブさん、NON STYLEのお二人など、特にフォロワー数の多いアカウントは、吉本芸人のクラスタから一歩外に出た位置にあります。**ここで挙がった名前は、お笑いにあまり詳しくない人でも知っている芸人さんばかりです。やはりツイッター上でも**芸人さんが大きく成功するには、クラスタの外側にいること、すなわち独自のファン層を持っていることが重要だと考えられるでしょう。**

分析2 特化する芸人たち

特定のテーマに特化した活動を行うことで、独自のポジションを獲得している芸人さんも少なくありません。**ペナルティのワッキーさん**は、学生時代からの経験を活かしたサッカー関連の活動で知られています。今回のSNS分析でも、サッカー関連のアカウントと近いことが一目瞭然です。

一方、**ウーマンラッシュアワー村本大輔さん**のアカウントは、政治家やジャーナリストなど、時事問題に関わるアカウントの近くに位置しています。漫才のネタでも政治的な題材を扱う村本さんですが、そのポジションはツイッター上でもはっきりと表れています。二人とも、吉本芸人のクラスタからは遠く離れ、近くにはほとんど芸人アカウントが見られないようです。このように、**他の芸人さんのライバルが少ない独自のテーマで発信することも、SNS上で一定の支持を得るために有効な戦術だと考えられます。**

インスタグラムのフォロワー数が日本一だったことで知られる**渡辺直美さん**ですが、ツイッターでも大きな影響力があります。**渡辺さんのアカウントの特徴は、どのクラスタからもある程度離れていることです。**吉本芸人だけでなく、アーティストや俳優、企業系アカウントとも共通点を持ちつつ、いずれのクラスタの中心からも離れた独自のポジションを獲得しています。お笑い芸人だけでなくマルチに活躍するスターとしての渡辺さんの立ち位置が、ツイッターの分析からもうかがえます。

同様の傾向は、**ロンドンブーツ1号2号の田村淳さん**や**オリエンタルラジオ藤森慎吾さん**のアカウントにも見られるようです。**どのクラスタにも完全には属さないことが、SNSで飛びぬけた存在感を獲得するための条件なのかもしれません。**

分析3 スターの条件

ネットワーク解析について

こうした手法を、**情報工学の世界では「ネットワーク解析」と呼びます。**

ネットワーク解析は、幅広い現象の分析に用いることができます。**1つ1つのノード（要素）とリンク（ノード同士のつながり）を設定することで、巨大なデータから様々なネットワークを描き出すことができるのです。**今回はツイッターのアカウントがノード、類似度を示す線がリンクに当たります。これは、**複雑なデータのなかから、全体的な傾向や利用可能な特徴を見つけ出すのに役立つ手法です。**研究室では普段、この手法を使って、企業活動や学術論文に関する研究を行っています。

たとえば、企業の取引データを用いれば、その企業がどういった相手と関係を持ち、業界内でどのようなグループに位置しているのかがわかります。過去のデータを併せて使うことで、取引関係がどのように変化してきたのか、時系列に沿って可視化することも可能です。また、学術論文の引用関係のデータを用いた研究では、異なる研究テーマや分野同士の関連性、研究者の人的ネットワークの状況を推測することが可能です。どちらの場合も、対象となる企業や研究者自身の自己認識ではなく、全体的なデータから分析を行うことで、新たな知見を得ることが期待できます。

私の専門分野である「情報工学」は、簡単に言えば、コンピュータの力を使って大量のデータを集めたり分析したりすることで、これまで課題とされてきた問題を解決する、あるいは、なにか新しい面白い発見をするという学問です。この芸人さんの相関図も情報工学の技術を使って作っています。

私の研究室で扱っているテーマの最大の特徴は、どれも**個人の行動の結果**、生じるデータを大量に集めて使っているという点にあります。1つ1つの行動はあくまで個人の判断によるものですが、それらのデータを集約し、ネットワーク分析や自然言語処理などの工学的手法を用いて分析することで、社会全体に関する一般化された知見が得られるのです。今回用いたツイッターのデータも同様です。ユーザーのリツイートという行動データによって、SNSにおけるアカウント同士の関係性という複雑で人間的な状況が、目に見える形で表れてくるわけですね。

本来のマルの大きさ（実際のフォロワー数）を反映させた図

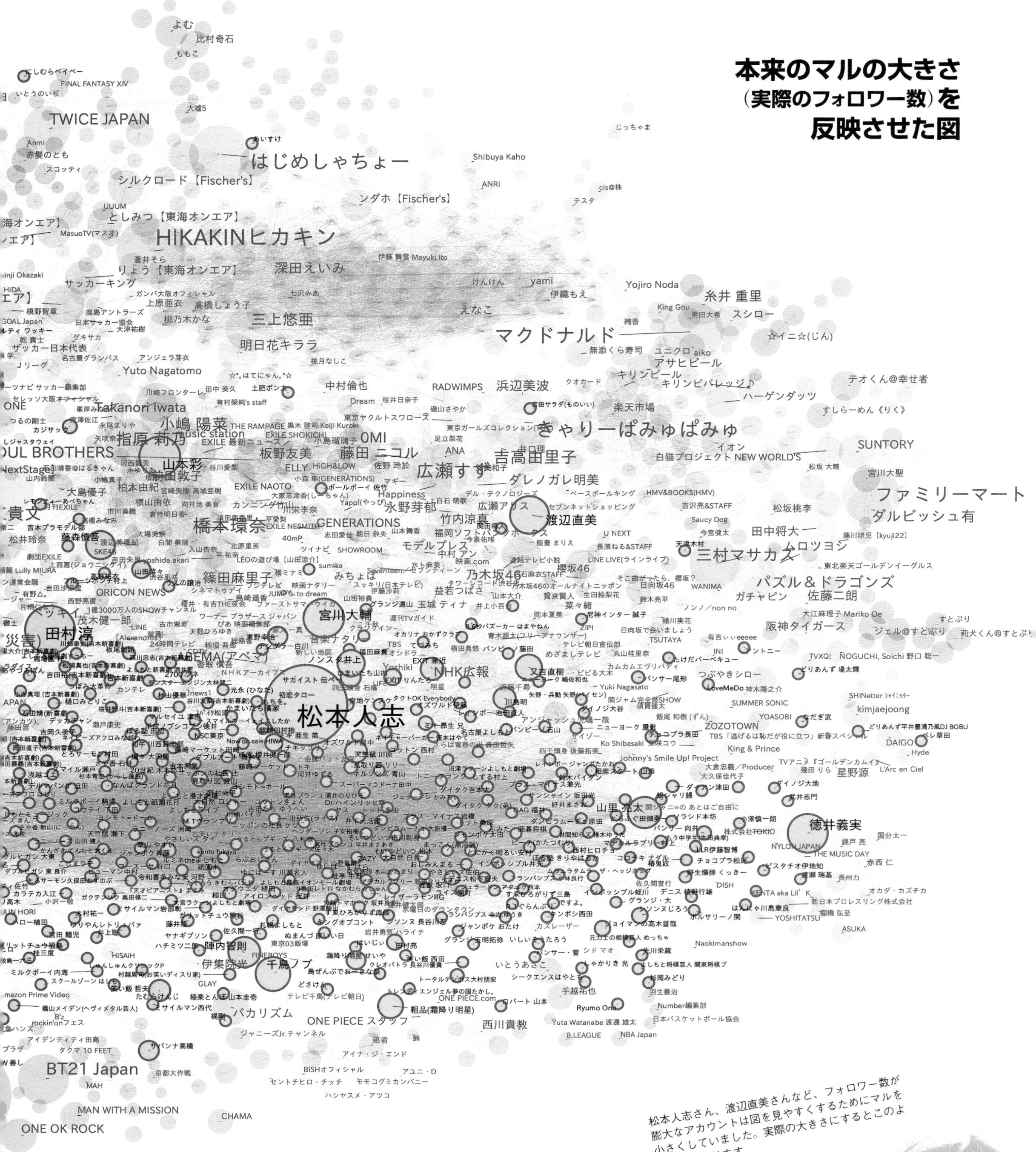

松本人志さん、渡辺直美さんなど、フォロワー数が膨大なアカウントは図を見やすくするためにマルを小さくしていました。実際の大きさにするとこのような形になります

OWARAI × SCIENCE

今回の研究について

今回は、ネットワーク分析の手法を活用し、吉本の芸人さんたちのSNSにおけるポジションを分析してきました。芸人さん同士の関係を見ているだけでも面白い図ですが、いくつか全体的な傾向を読み取ることができます。図の分析の結果、

❶SNSで影響力の大きいアカウントはコミュニティの中では周縁的な位置にあり、芸人のファン層以外も取り込んでいる

❷ライバルの少ないテーマに特化することで一定の支持を得やすい

❸圧倒的な影響力を持つアカウントはどのコミュニティからもある程度の距離を保ち、幅広い層から関心を集めている

などといった点が明らかになりました。もちろん、これらの点は完全に証明されたわけではありませんが、こうした傾向は、芸人さんに限らず、効果的なSNSの活用方法として一般化できるかもしれません。

ネットワーク解析は、全体的な傾向や特徴を発見することに長けている一方、個々の事象を具体的に理解するには限界もあります。ビッグデータをもとに全体を俯瞰するような分析と、インタビューなどを通して個々の事例を深く知る調査をうまく組み合わせることが、人間の活動を学術的に理解するために必要不可欠だと思っています。

PROFILE

坂田一郎　さかた・いちろう

1966年生まれ。東京大学経済学部卒、ブランダイス大学より国際経済・金融学修士号、東京大学より博士号(工学)を取得。現在、東京大学総長特別参与、未来社会協創推進本部(FSI)ビジョン形成分科会長、工学系研究科教授(技術経営戦略学専攻)を務める。専門は、大規模データを用いた意思決定支援、知識の構造化、自然言語処理、地域ネットワーク論など。「テクノロジー・インフォマティックス」を提唱。

協力
浅谷公威(東京大学工学系研究科特任講師)

お笑いど真ん中よりもちょっと外がいい？芸人が知らない「本当の位置と売れ方」

「M-1で優勝して引退」と、かねてから「大目標」を公言している川瀬名人。ゆにばーすはどうすれば優勝できるのか？　売れている芸人の「意外な特徴」とは？　芸人・著名人のSNSアカウントを解析した東大・坂田一郎教授と語り合って見えた「法則」とは――。

補講

ゆにばーす

Universe

ゆにばーす

東京NSCの同期同士で2013年に結成後、わずか3ヵ月でTHE MANZAI認定漫才師となった実力派コンビ。M-1グランプリ2017・2018・2021ファイナリスト。男女コンビ初のM-1優勝を目指す。個性的なルックスとキャラクターを活かした漫才が人気。stand.fmで「ゆにばーすnoのどちん★こ」でトークを配信中。

TEXT｜編集部 PHOTO｜森清

ファンが被っている芸人の巨大相関図 意外な芸人がつながる不思議

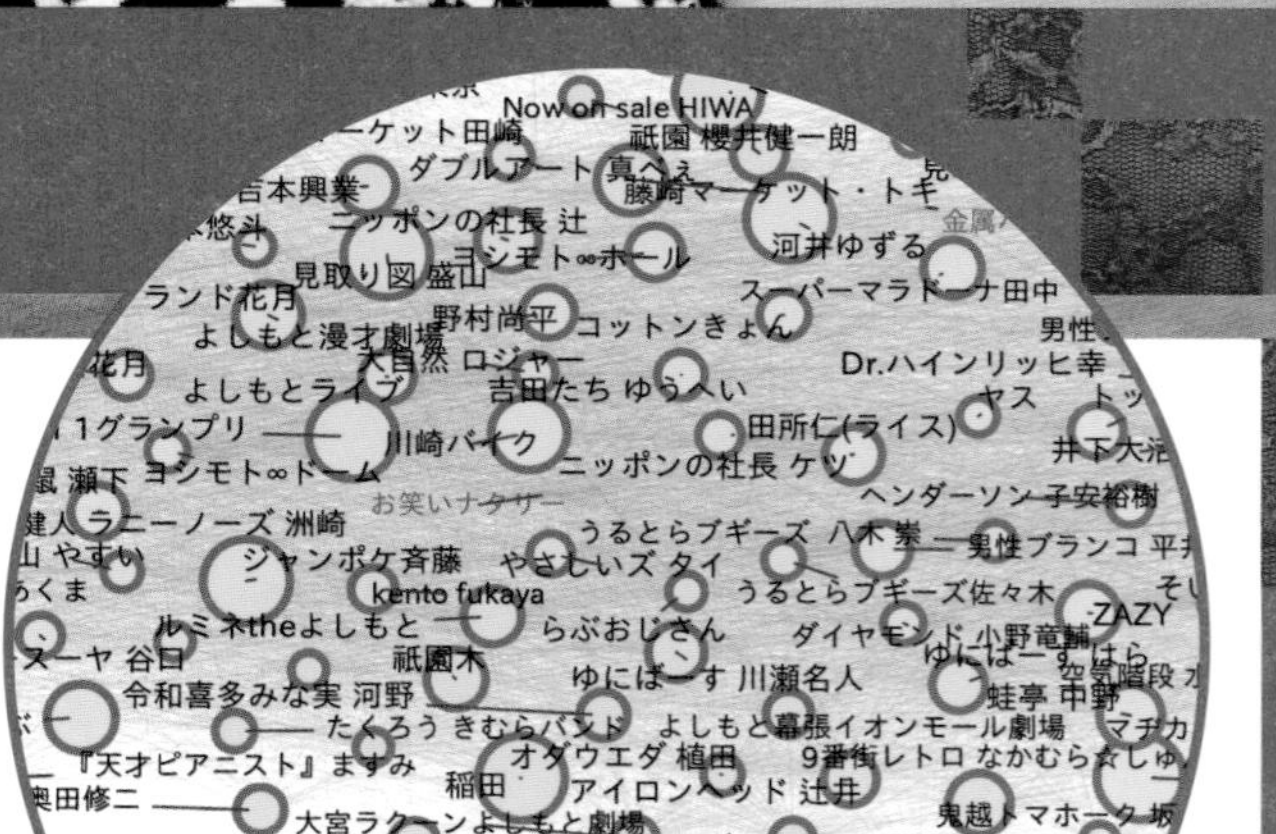

坂田　**今回、芸人のみなさんのSNS上の位置を客観的に提示してみました。**吉本興業所属の芸人約1000と各界の有名人約2500のツイッターアカウントを解析・マッピングし、コミュニティの可視化を試みたんです。

川瀬　僕ら二人は割と近い位置にいますね。

はら　意外とピンの仕事も多いから離れていると思った。

坂田　お二人は比較的近いんですよ。これは、同じようなファンからリツイートされている（同じようなファンを共有している）ことを意味しています。

川瀬　コミュニティが近い、ファンが被《かぶ》っているということですね。

坂田　そうです。**お二人が近くにいると**

Universe

いうことは、同じようなファンから関心を持たれているということです。

はら　じゃあ、めっちゃ狭いじゃん。

坂田　コンビで活動されているので、普通にあっていいことだと思います。

川瀬　真ん中あたりにいる僕らは、ガッツリお笑い芸人としか絡んでないですね。俺らの近くにあるのは、劇場のアカウントとかやもん。M-1グランプリとかよしもと祇園花月のアカウントとか（笑）。

坂田　**お二人は劇場を中心に活動されていますから、活動の方向みたいなものもある程度反映されているというわけです。**

川瀬　ルミネtheよしもとも近いなあ。俺なんかルミネtheよしもととよしもと幕張イオンモール劇場に挟まれてる！（笑）。

坂田　はらさんに近いのは……。

はら　（モデルの）アンミカさんじゃないですか？

川瀬　**はるかに遠いわ！（笑）。**アンミカさん見当たらんなあ。

坂田　空気階段さんが近いですね。

はら　コント師だから、なんか意外！

川瀬　ダイヤモンドの小野（竜輔）さんとかアイロンヘッドの辻井（亮平）さんも近いですね。

はら　**よくスターバックスをご馳走になるんですよ。**小野さんにはたまに写真を投稿されるので、スタバつながりですね。あと、ダイヤモンドさんはM-1ファイナリストという共通点もありますね。

川瀬　あと（THE W優勝者の）オダウエダ植田。

はら　**植田は下ネタ関連ですかね……**よく下ネタを話す間柄です（笑）。

川瀬　じゃあ、図のとおりですね。

はら　引用リツイートやリプライはしないけど、小野さんや辻井さんは近いんですね。不思議です。

川瀬　はらさんが小野さんとスタバに行った写真をツイッターに上げたら、小野さんのファンがそれを見たいのでコミュニティが近いということじゃないですか。

はら　でも、上げてないよ。

川瀬　上げてないんかい！　ここは上げてるでええやろ（笑）。

はら　あ、上げてます（笑）。

坂田　次に川瀬さんの方に行きますか。

はら　川瀬はブロックしまくってるから……。

川瀬　でも知り合いはしてないからねえ。あ、らぶおじさんが近いですねえ。

はら　大阪の同期。

川瀬　令和喜多みな実の河野（良祐）さんが近いのは意外ですね。

はら　へえええ。どちらかというと（相方の）野村（尚平）さんっぽい気もしますけど。

川瀬　祇園の木﨑（太郎）さんも近いですけど、なぜかわからないですね。共通点がない。でも、**木﨑さんとか河野さんを好きな人が俺のツイッターを見たりしている可能性があると。この図じゃないと絶対わからないことですね。**

坂田　あと、アインシュタインの稲田（直樹）さんも近いですね。

はら　えー！

川瀬　ネタのテイスト的に好きなところが被っている人が一定数いるとか。

坂田　そういう場合も十分にあり得ます。

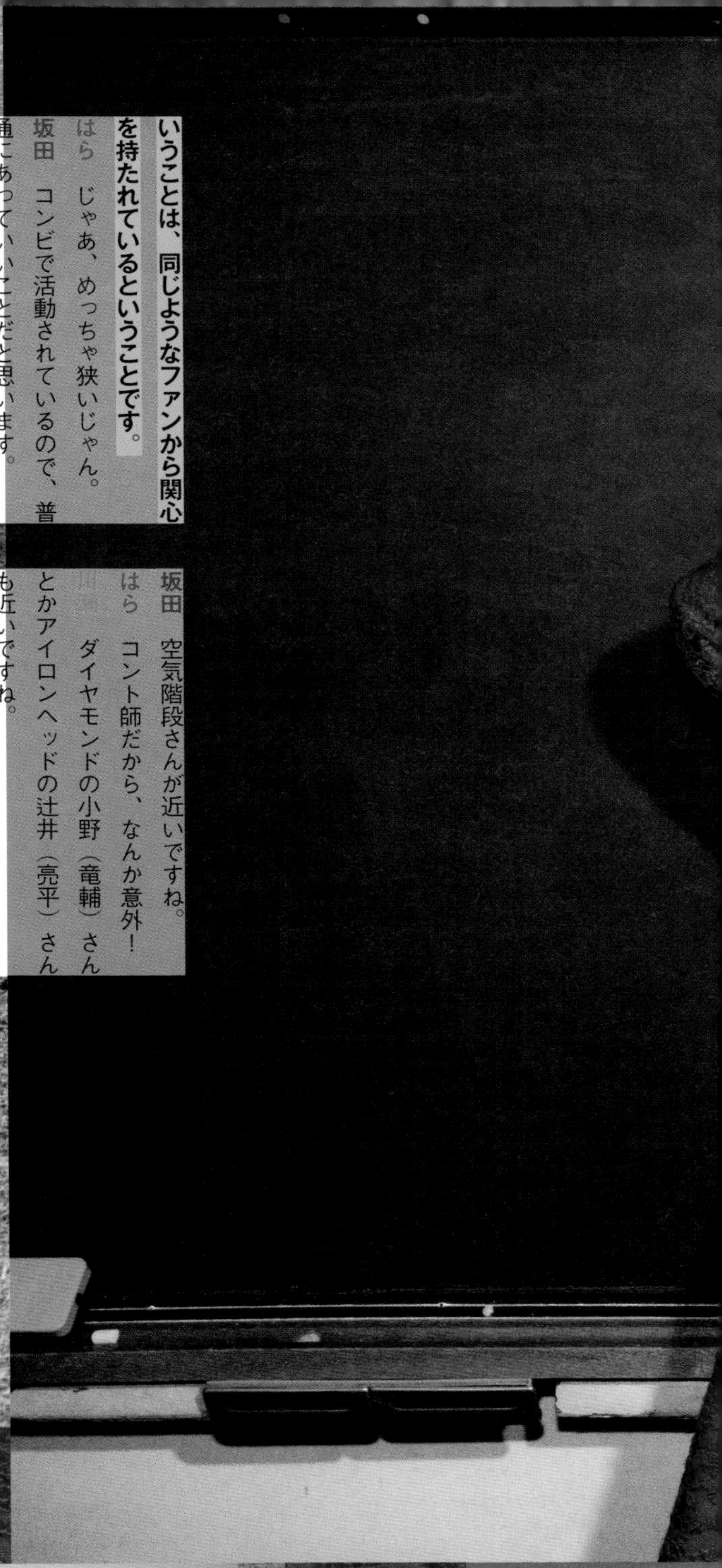

芸人の生存・拡大戦略はYouTuberやVTuberのファンを取り込めるかどうか!?

坂田　次に、お笑い芸人以外の一般タレントやYouTuberなど他の集団との距離や位置づけも見ていきましょう。

川瀬　**集団の位置が遠いということは、関係性やファン層も遠いということですか？**

坂田　おおむねそういうことです。たとえば、芸人さん同士をつないでいるのは、お笑いファンが多いとみられます。ところが、お笑いの人たちの周りには、音楽、一般タレント、アイドル、バスケ、野球、政治などの集団が位置しています。

川瀬　**やっぱお笑い芸人とYouTuberやVTuberは遠いんですね。**2022年M-1決勝でウエストランドの井口（浩之）さんがYouTuberは逮捕され始めてるとか、まともじゃないとか悪口言うてたくらいですから、そら遠いですよね。**あと、セクシー女優さんも遠いなあ。お笑い芸人は近づきたいけれども遠いという現実があるんですかね（笑）。**あ、でも、この図は本人がどうかではなく、ファンの人が被っていないということか。

坂田　おっしゃるとおりです。芸人さんとセクシー女優さんのどちらにも関心のあるファンの人が少ないということですね。

川瀬　変ですもんね、そんなヤツ。たしかにリツイートされたなと思ってファンのアカウントに飛んだら、芸人推しはもちろんですが、ジャニーズの方を応援してたりロックバンドを推してたりするパターンは多いですよね。

はら　芸人やお笑い好きがツイートに反応してくれているイメージはある。

PROFILE
1989年神奈川県生まれ。ボケ担当。過激な下ネタが得意技。SNSに投稿する美メイクと自撮りが話題となり、ついには『欠点の数ほど美人になれる! ゆにばーすはらの #詐欺メイク』(世界文化社)を上梓。ファッション誌や美容雑誌・メディアにも多数出演中。イエエェェェェェェイ!!!!

川瀬　**たしかにセクシー女優好きですみたいな人は見ないですね。図になってはじめてわかることが多いですね。**

坂田　自分たちは身近な人しか見えてないので、これくらい広いスコープで見ると意外なことやおもしろいことが見えてくると思います。

川瀬　**芸人とバスケ界隈が近いのは意外ですね。**麒麟の田村（裕）さんの影響かなあ。それくらいしか思い浮かばないですけど（笑）。

坂田　吉本の芸人さんでもスポーツが好きな方って多いじゃないですか。そういう人がスポーツのファンを芸人側に引き寄せているんです。

はら　**じゃあ競艇ファンも多いんじゃないですか（笑）。**

川瀬　**めちゃくちゃおるはずやぞ。**ただ、競艇や競馬が好きなファンの方は芸人を見にけえへん。競艇場に行く芸人は好きやけど劇場には来ない。悲しすぎる現実や……。

坂田　ちなみにこの図はツイッターしか対象じゃないので……。

川瀬　競艇やっている人って、ソーシャルメディアやってないよなあ（笑）。いまだにポケットに新聞突っ込んで紙でやってますもんね。

坂田　それが今回の研究の限界でもあります。ところで、コンビでも二人が遠い位置にいる方々を見てみたんです。すると、NON STYLEの石田さんと井上さんはけっこう遠いところにいます。

川瀬　意外ですね！　でも、たしかに、

漫才は一緒にするけど、普段の活動はけっこう違うことをやっていますよね。井上さんはパチンコとか脱出ゲームとかバスケとかいろいろやりはるけど、石田さんは舞台がめっちゃ多いから。

坂田　だから同じコンビの芸人さんでもファンからは全然違う存在に見えていたりする。ほかにもマヂカルラブリーの野田（クリスタル）さんと村上さんもちょっと遠いです。

川瀬　これは違うでしょうね。野田さんはゲームの仕事めちゃくちゃあるし、

はら　村上さんはMCの仕事もされています。

川瀬　別に遠いからといって仲悪いとかでもないですよね。じゃないと出てくるたびにドキッとするので（笑）。

坂田　**すごくいい質問です。実はこのマッピングは、仲がいいか悪いかについては測れないんです。**近いけど仲が悪いこともあります。たとえば、コンビでなくとも誰かと誰かが論争をしていて、その論争にファンが興味がある場合などは近くなるでしょう。だから、近いから仲がいいわけでも悪いわけでもないんです。

川瀬　じゃあ、ほっしゃん。（現・星田英利）さんと（ウーマンラッシュアワーの）村本（大輔）さんが近い可能性もある？　あははは、ツイッターで揉めてたから。

坂田　揉め事をみんなが見に来ていたら近いかもしれません。でもこの図についてときどき文句を言われるんです。**私はあの人と仲良くないのに近くにいるのは変だとか……。**

川瀬　でも、仲の良し悪しの因果関係はないということですね。

坂田　そういう考えでこの図ができています。仲の良さまではわかりませんが、**「類は友を呼ぶ」という言葉があるように、ファンから誰と誰が同じように見えているのかを知ることはできるのです。**

川瀬　芸人のツイートに興味がある人の範囲もわかるし、逆にYouTuberやVTuberが遠いということは、このあたりのファンを取り込めたら芸人の可能性がさらに広がると言えそうですよね。

川瀬名人

かわせ・めいじん

Kawasemeijin

PROFILE

1984年奈良県生まれ。ツッコミ担当でネタ作成者。芸人としての目標は、「M-1決勝でいい漫才を披露してチャンピオンになり、引退すること」。特技は読んでいない本を、帯を軽く見ただけでA4、2枚の原稿用紙に感想を書くこと。剣道初段のほか、実演販売、応援演説も得意。

大物芸人や超売れっ子が位置する「ちょっとだけ外側」の居場所

坂田　ここからもう一つ本題に入りますが、マルの大きさなんですが、マルの大きい人は多くのファンを集めていて、小さい人はそうではないということです。

はら　大きさ、気になってました。（ベジータのモノマネで知られる）R藤本さん、大きいなぁ。

川瀬　バズりやすいからや！

坂田　実は図の真ん中よりも外側の方に大きなマルの人が位置しています。大御所の芸人さんなどは芸人の集団の外側にいる。

川瀬　**でも、なんとなく理由はわかります。**芸人は芸歴が浅いとか売れていないと、芸人同士で集まったりつるんだりする。それでいったら売れている人は、どんどん絡む人が増えていって違う分野の人と交流が生まれるからマルが大きくなるのではないですか。

坂田　そうかもしれません。では、マルが大きくて多くのファンから反応をもらっている人の周りを見てみましょうか。まず、オリエンタルラジオの藤森慎吾さん。

川瀬　まあ、退社されちゃいましたけどね（笑）。藤森さんは俺らと全然ちゃう位置にいそう。

坂田　けっこう違う位置にいます。

川瀬　うわーーー！

はら　大きい！

川瀬　周りには、高橋みなみさん、山田菜々さん、SKE48……女性アイドルが多いですね。劇団EXILEも近くにいるし、なぜか吉本プラモデル部も近い。あははは。でも、とにかく女性がめちゃくちゃ多い！

はら　データでも現実でも、ですね。

坂田　藤森さんはダンス&ボーカルグループ（RADIO FISH）でも活動されているじゃないですか。そういうことも影響しているのではないかと思いました。次は、渡辺直美さんを見てみましょうか。

はら　直美さんは世界レベルですからね。

坂田　渡辺さんは少し前までインスタのフォロワー数（996万人）が日本一でした（現在はTWICEモモが1位）。

川瀬　意外にマルがちっちゃいですね。もっと地球と太陽くらい差があると思いました。

坂田　**実は本当の大きさを反映すると周りの人が見えなくなるので制限しているんです**（本当の大きさについては26ページの表をご覧ください）。渡辺さんは映画やドラマにもたくさん出演されているのでここまで大きいと解釈しています。そして企業系アカウントとも近いんです。

川瀬　**たしかに、周りには企業がめちゃくちゃ多いわ。**

はら　直美さんが企業と同じくらいの影響力があるということ？

川瀬　これはもう企業案件が多いってこ

Universe

となんじゃ？　ただ謎なのが、ものいいの吉田サラダさんも近い。企業案件が多いんですかね（笑）。

坂田　それから、ペナルティのワッキーさん。

川瀬　ワッキーさんは別んとこいそうやなあ……やっぱり、めちゃくちゃサッカーやわ。乾貴士選手、中村憲剛選手、そして本田圭佑選手。

坂田　吉本芸人の集団からはだいぶ遠くて、サッカー選手の集団の中にいます。

川瀬　ペナルティさんとご一緒すること少ないですけど、**楽屋で一緒になったとき、ワッキーさんずっとサッカーの動画見てますからね。なんかメモりながら（笑）。**

坂田　サッカーのことをよく発信されているから、ツイッター利用者からすると、吉本興業の漫才師というよりはサッカーの人というイメージなのかもしれません。それから、ウーマンラッシュアワーの村本さん。

川瀬　村本さんの場所はなんとなくわかりますね。政治のクラスタが右と左で分かれてると思うんですけど、村本さんはちゃんと左気味のところにいらっしゃいますね（笑）。

坂田　政治が実は一番分かれるんです。

川瀬　**右の人は右の人、左の人は左の人で、考えが一緒ということですもんね。支持者は考えが一緒か近い人をリツイートする。**

坂田　嫌なことは聞きたくないんで、自分の意見に合った人ばかりをリツイートするわけですね。

川瀬　信じられへん。右と左の間におばたのお兄さんがいる。

坂田　全体的に時事問題とかニュースに興味がある人たちのところですね。

川瀬　おばたのお兄さんの嫁さんがアナウンサーやから合間のニュースのところにいるのかもしれませんね。

坂田　**すごい分析ですね。**そうかもしれません。

川瀬　分析しがいのある位置にいますよね。

坂田　最後に、超有名な人で、ダウンタウンの松本（人志）さん。

はら　松本さんはど真ん中じゃないですか？

坂田　まさにど真ん中です。

はら　当たった！

川瀬　でもやっぱちゃんとお笑い寄りにいらっしゃってますね。これ逆におもろいのが、お笑い芸人クラスタの中心地にいるの、（キングオブコント2016王者）ライスの（田所）仁さんや。仁さん、もう劇場にばっかりいるから。

はら　たしかに平均的に絡んでるからかも。

坂田　**劇場に長い時間いて、いろんな人と共演されていると、真ん中に来る可能性がありますね。**

川瀬　ライスさんは先輩も後輩も多くて、コントとかでもいろんな人と絡みが多いと思います。松本さんの位置は、お笑いのところにもいるけど、ちゃんと他のところとも絡めている感じですね。でも、思ってたよりも芸人の集団内にいらっしゃるなと。ずっと売れてる人なのでもっとタレントさんの方にいるかなと思いました。

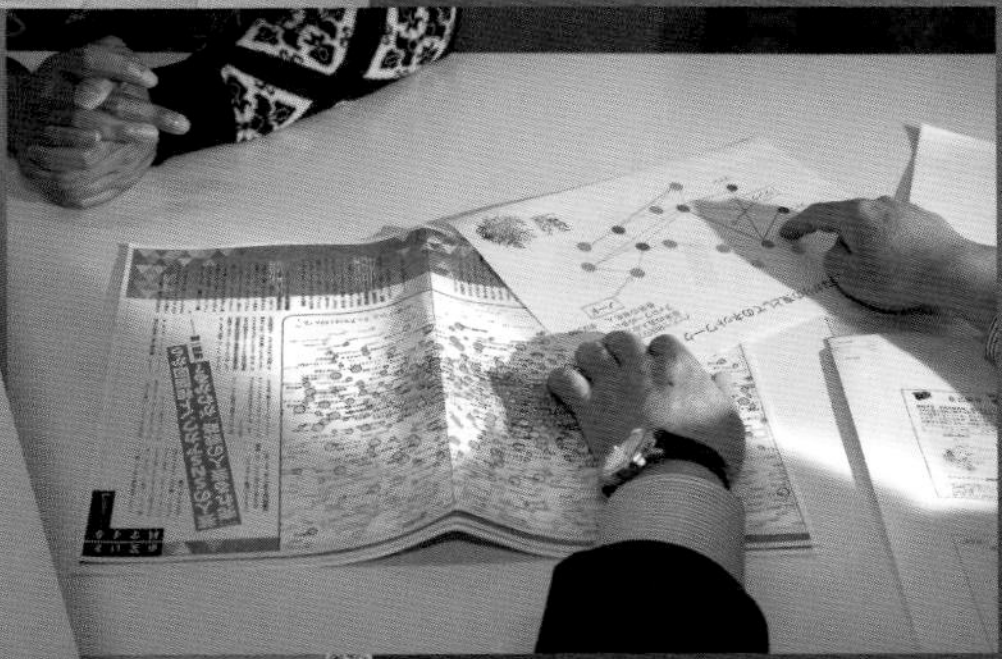

坂田　私もテレビでよく拝見しますが、社会の多くの人々が「松本さん＝お笑いの人」だとはっきり認識しているからではないでしょうか。

川瀬　そうか、そこの認識が大事なんですね。

坂田　さらに一般タレント寄りだとEXITさんがいますね。

川瀬　麒麟川島さんやかまいたちさん、ニューヨークさんもいますね。もっとタレント寄りだと東野幸治さんや宮川大輔さんも。**だからこのお笑いのクラスタのちょっと外側にいる人たちが売れている感じがします。すごく外ではなく、ちょっとだけ外側というのがポイント。**

坂田　そういう傾向があるかもしれません。また、見ていて不思議なのは、お笑いクラスタの中心にはいないけれども独自のファン層がいる方たちです。たとえば千鳥さん。

川瀬　**近年めっちゃ売れている人たちですよね。**これまでの一般タレントのファンを獲得したというわけではなく、他の何にも強い興味はなかったけれどいきなり芸人に興味を持ち出したファンたちが集まっているのかもしれません。千鳥さんや霜降り（明星）が好きでテレビを観るようになったとか。だからこの図の下側（音楽の集団）にいる人の方が新たな層を開拓している感じがしますね。

坂田　そうですね。マルは大きいですが、吉本のファン層で稼いでいるわけではなくて、けっこう外側で稼いでいるとも言えそうです。

放送コードを変える漫才でゆにばーすはM-1優勝を狙う!?

編集部　**最後に、この図からゆにばーすさんがさらに売れていくためにどういう方向に行くべきかということに迫っていけたらと思います。**ゆにばーすさんはどういうお笑いを目指しているんでしょうか？

川瀬　M-1は絶対優勝したいです。コンビの悲願ですね。でも、僕もはらさんもめっちゃテレビに出たいって感じでもない。はらさんは下ネタ言いたいだけですし（笑）。はらさんの目標はゴールデン番組でも下ネタ言いたいというところです。

はら　**放送コードを変えるのが夢です！**　放送コード、たぶん戦後から変わってないよ。むしろ厳しくなってるでしょ。

はら　**二人の方向性をまとめると、放送コードを変える漫才でM-1優勝します！**

川瀬　むちゃくちゃ言うとるやん（笑）。

はら　「M-1優勝」という目標だけでつながっているコンビですからね。

坂田　お二人の話をお聞きすると、はらさんの方が芸人のファン層の外に出ることができそうだと思います。

川瀬　このクラスタで言うと、セクシー女優さんの方向に行くのかな？

はら　えー、そっち？（笑）。私は政治だと思ってます。

川瀬　最悪やん、おれがエロいみたいやん。

はら　ちょっと考え方が違ったかな（笑）。

坂田　はらさんが外に出るなら、川瀬さんはM-1優勝するまでは真ん中にいるのがいいと思いますね。多くのお笑いファンが反応してくれるわけですから。

川瀬　M-1グランプリのアカウントとも近いっちゃ近いですし、M-1ファンからは興味は持たれているということですね。

坂田　**川瀬さんの言うとおり、「興味は持たれている」状況にある。だから、川瀬さんは現在の位置をキープしたい。一方のはらさんは政治に行くかアイドルに近い方に行くか。**

はら　いやあ、政治で！

川瀬　下ネタと政治、ダブルパンチで笑いづらいよ（笑）。でも、難しいのが、劇場の寄席なら、下ネタと政治はウケるカテゴリなんです。テレビだとこれ笑っていいのかというブレーキが働いてウケづらかったりしますけど……。

はら　そうなると、歴代のチャンピオンがどこにいるのか辿っていった方がいいんじゃないですか。**どういう位置にいるのかを分析してみてM-1優勝者のファンやコミュニティと近ければ……ゆにばーす、優勝ありますよ！**

坂田　でも歴代チャンピオンの位置に近ければいいかというとそうでもありません。そのチャンピオンが年齢オーバーしていればいいんですが、一回優勝したのにまた出場したりすると、その人と一緒に盛り上がって勝ちに行くという考え方もある一方で、ファン層を取られてしまうというリスクもある。だから、戦略によってやり方が変わってきますね。優勝ではなく決勝や準決勝を目指すのであれば、オーバーラップして一緒に盛り上がっていくのもアリです。でも、優勝することを考えると、チャンピオンとマルの位置をちょっと離さないと差別化できずに食われちゃうかもしれない。

川瀬　**先生、それ核心ついてますわ！　ほんま、そうです。似たようなことをやっても仕方がない。特に今の時代にM-1優勝するには一個突き抜けないといけないですから。**

編集部　それが下ネタなんですか？

川瀬　うーん、そうなるのかなあ。

はら　わかんないよね。オダウエダが下ネタでTHE W優勝したからね。

川瀬　だからオダウエダ近いよ。チャンピオンが近いのよ。

はら　じゃあ、離れないと（笑）。

川瀬　これ難しいですよね。遠かったら優勝するわけでもないし、近かったら優勝するわけでもない。だから、「売れる」ことを考えると分析しやすいかもしれないですが、「優勝」ってなったら難しいかもしれないですね。ちなみに、マルはデカい方がいいんですか？

坂田　大きい方がいいですね。今やテレビよりも他のメディアの方がインパクトが大きくなってますからね。

川瀬　今やいろんな番組でツイートを出してますもんね。だから、トレンドに上がりやすい人の方がガッと上に行きやすいんですかね。

坂田　基本的にはそうですね。M－1で準決勝クラスに上がるためには、トレンドに乗っている方が有利だと思います。**しかし、優勝となるとトレンドの真ん中にいるだけではどれも甲乙つけ難い感じになる。他と違う感じがあった方が強い。だから、お二人がもっと遠くなった方がいいのではないかと思ったんです。**

はら　私が遠ざかって政治に行きます！

川瀬　なんでそんな政治に行きたいん？

はら　政治の右寄りに（笑）。

川瀬　下ネタに寛容なのは、右か左かわからんよ（笑）。

編集部　ゆにばーすさんは、人気が出るよりはM－1で優勝したい。

M-1で優勝するには フォロワーの「マル」は 大きい方がいい？ 小さい方が有利？

川瀬　断然、優勝がいいです！　でも、M-1の風潮もけっこう変わってきてるんです。**昔だったらM-1出場者は決勝に残ったぐらいではなかなか売れませんでした。**知名度がそこまでない人たちがファイナリストになってもまだ売れずに優勝してようやく売れる、やっと食えるようになるくらいだった。それが2015年にM-1が再開してからは、決勝出ただけで売れて食えるようになって、優勝したらもう一生安泰なんちゃうかというレベルです。なんならすでに名前が知られて売れているのに出る人も多いのでマルがデカい方が有利なのかもしれないですし、逆に近年優勝した人はダークホース的な存在だったりする。2022年大会でウエストランドさんが優勝するという展開は――オズワルドさんとかミキさんに比べたら――あまり予想されてなかったと思います。（ウエストランドは）テレビもそこまで出演されてませんでしたからね。**今となっては優勝するにはマルが大きい方がいいのか小さい方がいいのか難しいところですね。**

坂田　僕らの素人考えでは、マルはある程度大きい方がウケやすい、M-1の公式アカウントに近い方がM-1のファン層に近いから有利ではないかと考えています。ただ、優勝するにはもっと違いがないといけないので、はらさんが遠ざかるしかないかもしれません。

編集部　なんか無理やり離そうとしてませんか？（笑）。

川瀬　**あはははは。**

坂田　有名な芸人さんでも離れている人はけっこういますからね。

川瀬　正直その方が二人でトークするってなったときに話題が被らないから、聞いている方は楽しいですよね。**いやあ、大量のデータを分析すると、芸人には見えない世界があるもんですね。実は僕も分析好きなんで、いろんなデータを取ったほうがいいと吉本に言ってるんですよ。**集客の人数とか何歳が何人来たとか性別とかその日の天気とか気温とか……やっぱり雨の日と晴れの日ではウケがちょっと違うように感じることがありますし。

坂田　川瀬さんのお話はそのとおりです。天気や性別は予測をするときに非常に重要な要素なんです。そういうデータも記録していただけたら、僕らは嬉しいのですが……。

川瀬　そんなこと記録できるの、吉本興業だけですからね。もっと吉本に言います！

野田クリスタル
NODA CRYSTAL

芸人から見た「お笑い」論

vol.2

Magical Lovely

僕は「究極の内輪人間」、だからM-1にもR-1にも勝てた。

電車の吊り革につかまれず床を転げ回るネタでM-1を制し、かたや自作ゲームのネタでR-1を優勝。
一見、予測不可能で型破りなボケを連発しているように見えるマヂカルラブリー・野田クリスタルは
「笑いとは内輪である」という独自理論を持っている。内輪を制する者が賞レースを制す!?

PROFILE

1986年神奈川県生まれ。2020年にM-1を制覇したマヂカルラブリー(2007年結成)のボケ担当にして、同年のR-1ぐらんぷり(現R-1グランプリ)王者。16歳から東京吉本に所属。独学でゲームプログラミングを習得後、自作のゲーム「スーパー野田ゲーPARTY」などを開発・配信。さらには、パーソナルトレーニングジム「クリスタルジム」の経営にも乗り出すなど多彩に活躍中。

TEXT｜西澤千央　PHOTO｜松井雄希

無駄なネタは作らない「コスパ王」

――野田さんはM-1グランプリとR-1ぐらんぷりで優勝、キングオブコントで決勝進出と賞レースで輝かしい結果を残しています。野田さんが作るネタの特徴・強みは「身体性」で、言葉をほとんど用いずにM-1で優勝したのは史上初だったと思いますが、普段どういうことを考えながらネタを作っているのでしょうか？

野田　**僕は無駄なネタは作らないんですよ。なぜなら、大変だから（笑）。**期末テストと同じテンションですね。嫌で嫌でしょうがないから、なるべくなら最小限で済ませたい。お笑いが好きで日々ネタを書いている人は、学校でいうと勉強が好きで日頃から勉強しているタイプ。**僕はテスト前だけ勉強しているタイプです。**勉強する量を最小限に抑えたかった。年間を通して一番少ない勉強量で留年にはならないようにする、「コスパ王」だったんで（笑）。ネタも同じで、何かなければ作らない。M-1があったからM-1のネタを作ったし、新ネタライブがあるから新ネタを作る。僕がネタを作るときは、何か目的があるときです。現場があるからとか単独ライブがあるからとか……。

　だから常にネタを作るジャル（ジャル）さんとか、信じられない。でも、ジャルさんの場合は日々ネタを作ること自体がお金になっているからいいですよね。芸人の世界では漠然とネタを作ろうとしているコンビが意外と多くてすごいなと思います。たぶん、部活とかスポーツの思考に近い人がそうするんじゃないかと思います。作った分だけ芸が積み上がっていくという思考の人が、ネタをとにかく作って練習もたくさんやるタイプなのかなと。

――お笑いにはそのように積み上がっていって面白くなるという感覚があるんでしょうか？

野田　そこはコンビによると思います。僕たちは一個も積み上げてなくて、ただ現場に合わせてネタを作ってやっているだけなんで、潔いと思いますよ。吊り革のネタもM-1以外でウケるかと言ったらウケないですし。今でこそ吊り革のネタをやってもウケるんでしょうけど、**まったく知名度がなかったときの吊り革はルミネ（theよしもと）でやっても一個もウケなかったですからね。**僕たち賞レ

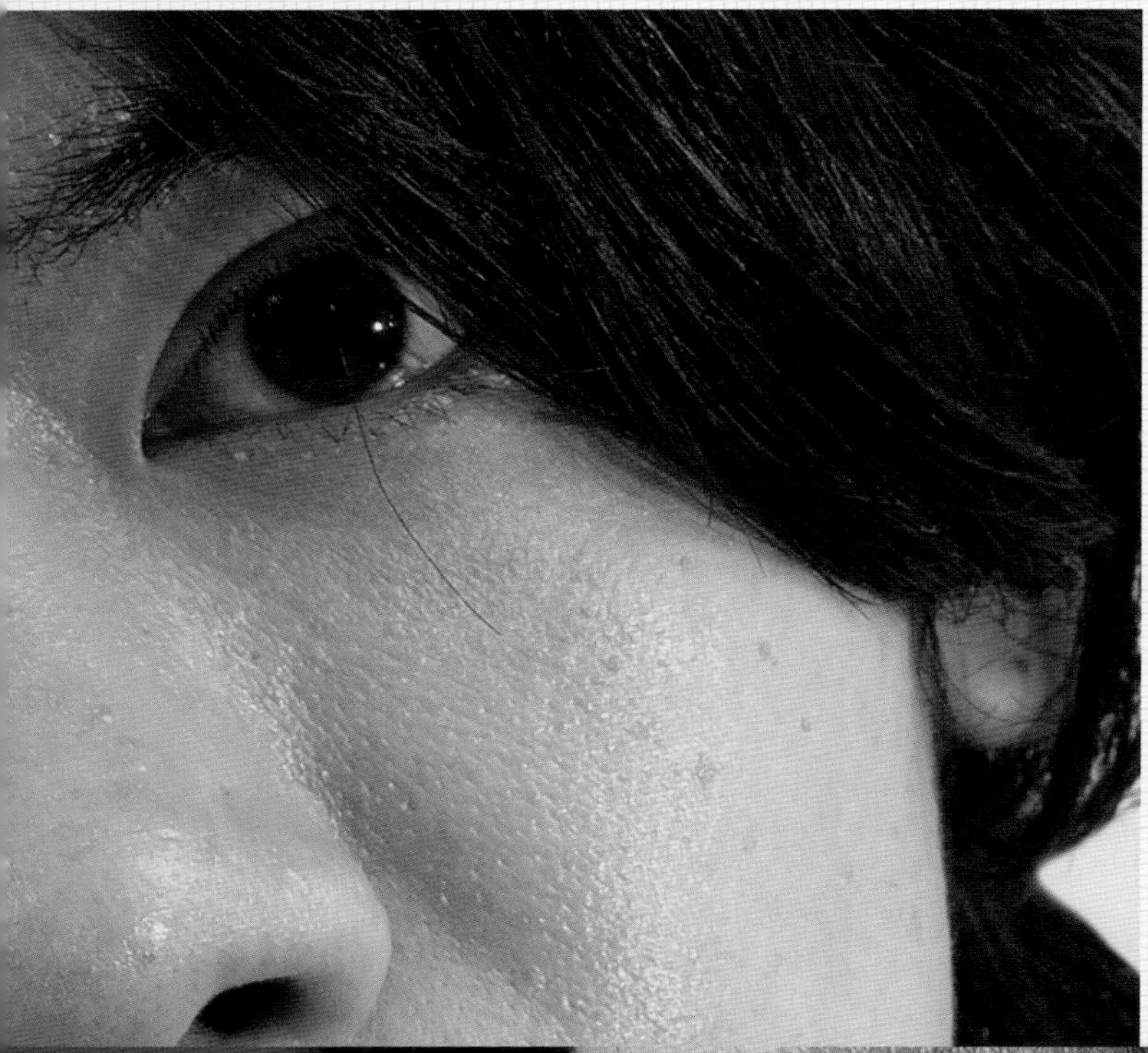

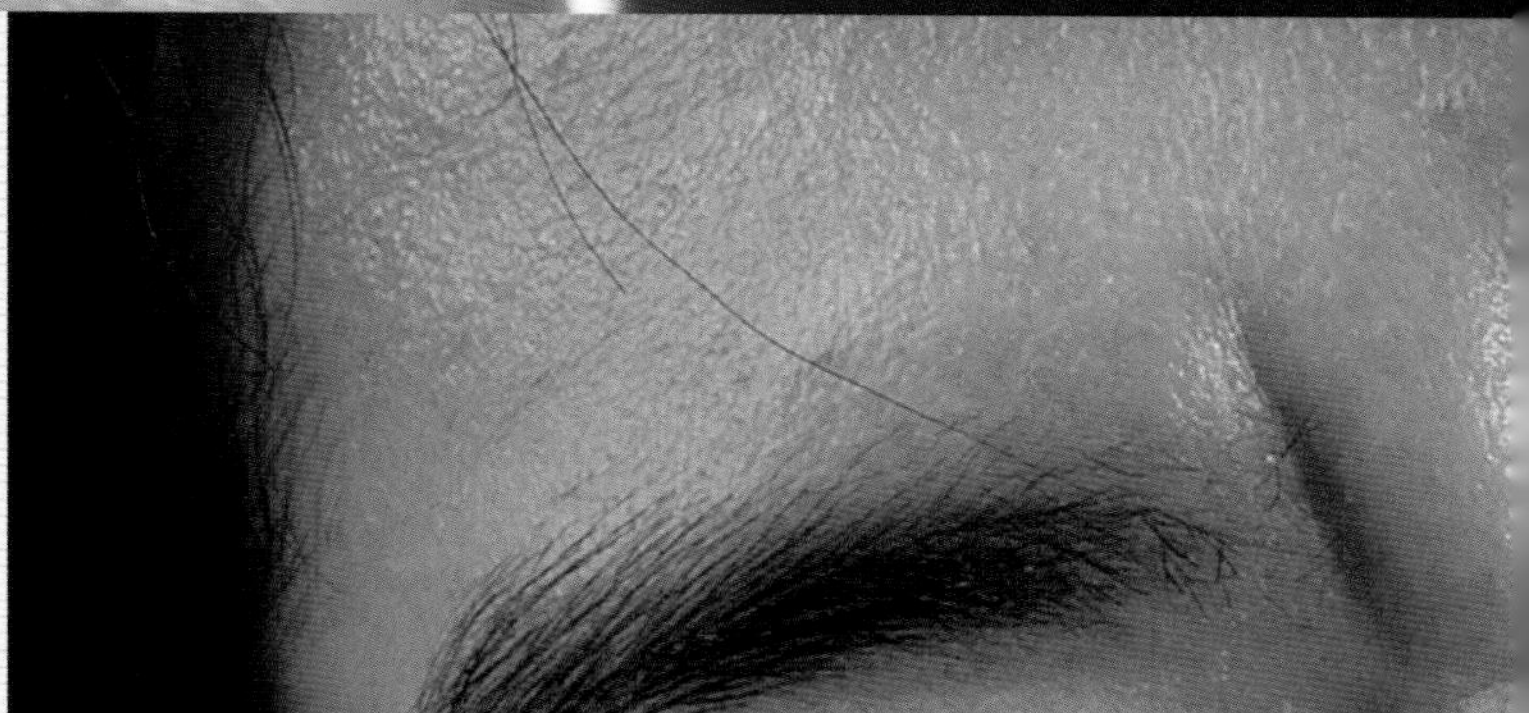

芸人から見た「お笑い」論 vol.2
Magical Lovely
NODA CRYSTAL

笑いとは内輪である。M-1は「究極の内輪大会」

ースでやるネタを寄席でやってウケたことない。僕はその現場のことしか考えないので、その現場でウケるんだったら他の現場でウケなくてもいいと思ってます。**M-1用のネタが寄席でウケなくても不安はまったくない。**一ミリの不安もないです。そりゃウケないだろと思いますし。ふらっと来たお客さんにあんなネタウケるわけない。M-1という熱量が違う現場に向けたネタですから、お客さんのテンションも集中力も違うんですよ。

——吊り革のネタが寄席ではウケずM-1ではウケるという違いはどういうところにあるのでしょうか?

野田　一番の違いは、M-1のお客さんには「漫才とはこういうものである」という前提があることじゃないですか。M-1ではその前提で戦うことが、僕は多かったです。「こういう漫才見たことあるよね」「そりゃこうなるよね」というのをM-1を観に来るようなお客さんたちは知っている。だからこっちとしてはそれを逆手にとってやるんです。吊り革のネタでいえば……すごく揺れるという設定で最初にどういう展開が思いつくか。「揺れすぎだろ」と言ってからマイクの前に戻ってかけあいをするパターン。あとはなんやかんやその場に新しいキャラが入ってくるとかも考えられますね。**で、お客さんの考えそうな展開は、敢えてナシでいこうと。展開ゼロ、一回もマイク前に戻らない。喋らないと決めたら喋らないで振り切った方が「ヤバい!」となってウケる。**それが普通じゃないとわかっているお客さんだからやる意味があって、寄席でそれをやっても「いや、もっと喋ってよ」となりますよね。寄席は普通のことを普通のまま捉えてくれる場所なので、吊り革のネタなんか本当はやっちゃいけないんです。サビを歌わない曲にも近い。普通の曲ではサビを歌うことをみんな知っている。だからサビが来ないと、**いつ来るんだ、いつ来るんだ、来ないんかーい、**という意外性が生まれる。それと似てるかもしれないです。

だからこそ寄席では寄席でしかウケないんだろうなというネタを作りますし、単独ライブも単独のお客さんにしかウケないネタを作る。**僕は現場に合わせてネタを作る「究極の内輪人間」なんで。**どこに行っても内輪、そこに合わせた内輪がある。もちろん、テレビにはテレビの

内輪もあります。

——究極の内輪人間、ですか。

野田　初期の頃に**「笑いとは内輪である」**と思ったことがあったんです。「そのネタ内輪だ」と言われると「お前もだからな」と思っていました。お前もどこかしらの内輪に入っているのに、輪が大きすぎて気づいていないだけだからなと。なので僕は**「内輪はできるだけ狭めた方が打点は高い（＝笑いがとれる）」**と思っています。その現場のこと、何を求めているかなどを深く理解する。そうやって究極に内輪に入っていったら、この内輪が好きなんだなと思ってもらえて、必要とされるようになる。だから単独ライブだったら広く寄席でやるようなネタは見たくない、**単独のお客さんはマヂカルラブリーっぽいネタが見たいわけで、マヂカルラブリーってこういうのをやるよねという究極の内輪を見せます。**そしてM-1も内輪なんですよ。**M-1なんて究極の内輪大会です。**M-1をショッピングモールの家族連れのお客さんの前でやったら順位は全然違うと思いますし、それこそ準々決勝や準決勝の人たちの方が順位高かったりするでしょうし。M-1という異質で閉鎖的な内輪だからこそあの順位になるわけです。

——それぞれの現場が何を求めているのかという俯瞰《ふかん》の視点が大事になってくるということでしょうか。

野田　勝ちたいのであれば、四の五の言わずそれがいいと思いますよ。いろんな戦い方があるでしょうし、常に勉強をしていてどんなテストが来てもいいですよという人もいるでしょう。僕はこのテストはここがくると思って勉強するタイプなので。**もちろん最初はヤマが外れることもあります。だからM-1決勝に行けていなかったわけなので。**でもヤマが当たってくると決勝に行けるようになって、最終的に優勝もできた。

　といっても、はなから理屈っぽくやっていたわけではありませんでした。単純にM-1が復活した2015年ごろは仕事が燻《くすぶ》っていたので、結局M-1を目指すしかない状況だった。なのでM-1のことだけを考えてネタを書きました。それで2016年の準決勝で手応えをつかんで、2017年で決勝に上がれたという感じ。でも決勝に行ったら行ったで決勝にも決勝の内輪があって、そこでは大ハズレ。やっぱりテレビですし、準決勝までと比べたらお客さんの感度も違うので、コアに刺さるネタではダメ。**同じM-1でも予選と決勝で別の内輪だったんです。これは本当に面白いなと思いました。**

——多くの芸人さんが高校を卒業してからNSCに入る中、野田さんはお笑い芸人としてのスタートが他の方より早いですよね。思春期から既に演者だったことは、自分に何をもたらしていると思いますか？

野田　**たぶん生き急いでいるんじゃないですかね。**早く解決したい、スッキリしたい。物事を持ち越せないタイプなんです。たとえば、お笑い芸人になりたいとなったときに、高校の3年間を「俺は芸人になれるのか」ってモヤモヤしたままで過ごせない。だったらもうすぐにでもなっちゃいたい。最初は高校に行かなくてもいいかなと思ってNSCに願書を送ったのですが、NSCから「言葉遣いがなってない」ってメールが届いて。**こんな怖い養成所行くかバカと思って結局行かなかったんですけど（笑）。**

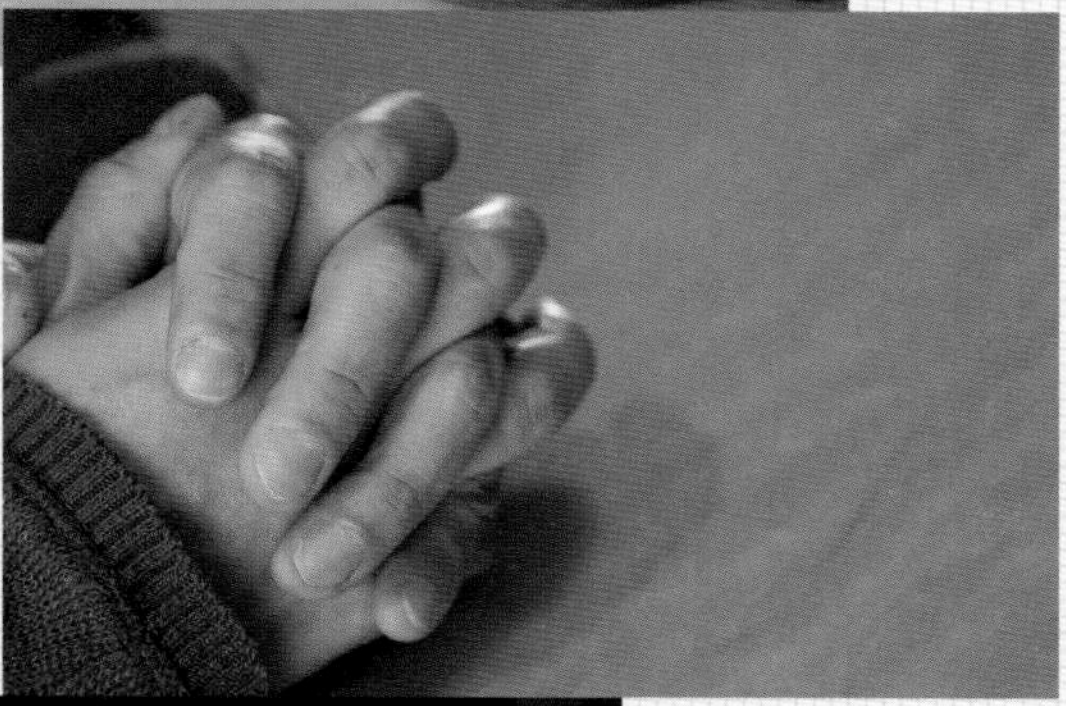
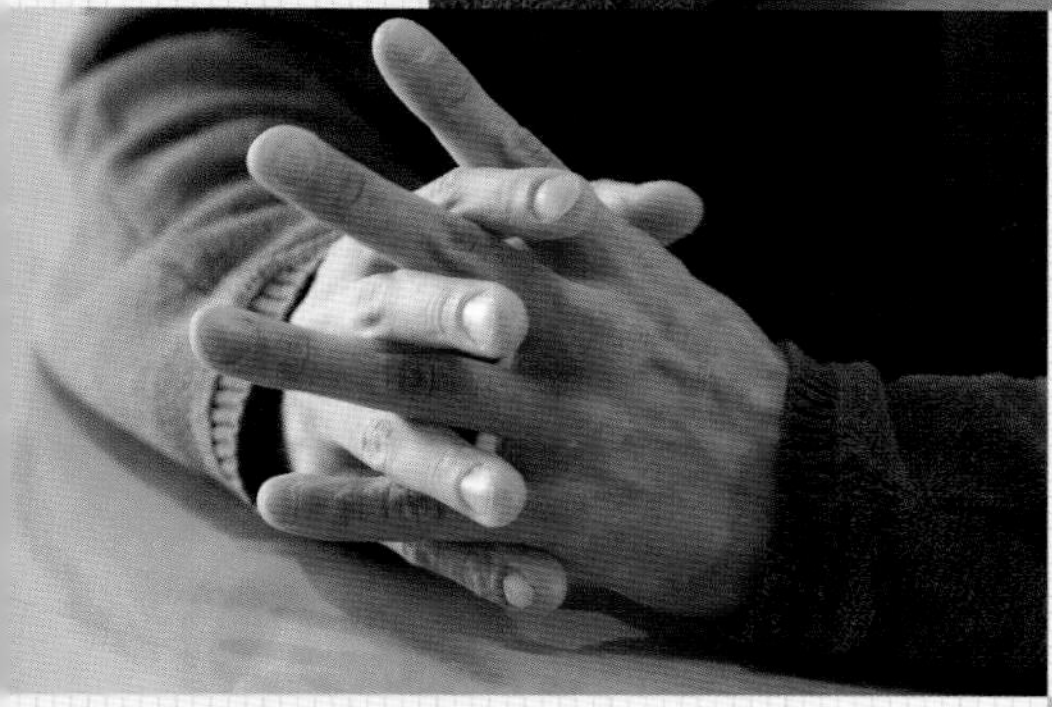

人生を変えた「3度の衝撃」。
衝撃の余韻だけでお笑いを続けている

――視聴者としてお笑いを楽しむ側ではなく、演者として生きていきたいと思ったきっかけは？

野田　**お笑いに対して衝撃を受けた3つのできごとがありました。**一つ目は深夜番組を見られるようになって、初めて若手の方々のネタを見たとき。中学生になるまでネタっていうものを見たことがなくて、バラエティコント番組しか見てなかった。だから、深夜番組で品川庄司さんやバナナマンさん、おぎやはぎさんを見たときに1回目の衝撃が訪れました。面白すぎると。**今まで見ていたバラエティ番組とは違う、深めのおもしれーやつ。**なんじゃこれは、こんなお笑いあるのか……と思って大好きになった時代ですね。

2回目の衝撃は、松本人志さんの作ってきたもの、「HITOSI MATUMOTO VISUALBUM」などに触れたときです。もちろん小学生のときに「ごっつええ感じ」も見ていましたが、そのときとは違う感動があったんですよね。**ある程度お笑いの構造みたいなものを知ってから見ると、設定や見せ方、ものすごくお金をかけている感じ、作品それ自体の強さ、芸人としてのかっこよさ、あらゆる部分がとんでもねーなーという衝撃。**

ラストの衝撃は、芸人になった直後に、最近「G-1グランプリ（崖っぷちNo.1グランプリ）」でも優勝したモダンタイムスさんと出会ったことです。知らないものを見せられたというか、衝撃でした。**僕はその衝撃の余韻だけでお笑いを続けられている気がします。**それまで見てきたお笑いの多くが関西だったので、関西弁って羨ましいなと思っていたんです。漫才をやり始めてからも、関西弁ってずるいなあと。会話だけで漫才が成立しちゃうから。関東弁ってマジでつまらないと思っていました。でもモダンタイムスに出会ってからそこも変わってきて。基本的にモダンタイムスはそういったもの全部を小馬鹿にしているわけです。ありとあらゆるものを。初めて僕も「そう見ていいんだ」と思って、関西弁を小馬鹿にしてみたり。ちょっとずつ感覚が変わっていきました。

この3度の衝撃で、お笑いってすげーんだなと心の底から思いました。普通じゃない何かがお笑いにあるんだ。それを知ったときに野田少年はひっくり返ってしまったんでしょうね。当然、松本さんやモダンタイムスの衝撃を受けて、それを超えてやろうという衝動に駆られましたね。ずっと溜まりに溜まっていましたね。当時は役満ってコンビで相方がネタを作っていて、正統派漫才師みたいなネタをやっていました。**だけど本当は何かを小馬鹿にするとか物事を斜めから見るようなネタをやりたいんだけどなと思っていた時期だったと思います。**マグマのようなものが溜まりつつ、モダンタイムスのようになりたいといった気持ちがありましたね。

――以前、アルコ&ピースの酒井（健太）さんにインタビューしたときに、野田さんのことを話していて。自分たちも変だと言われていたけど野田さんの変は常軌を逸していて、お互いピンになっても一緒にコンビを組むことは考えられなかったと話していました。

野田　僕は酒井さんのことが羨ましかったです。僕はモダンタイムスの手下状態でしたけど、酒井さんや平子（祐希）さんは僕からするとモダンタイムスさんらと肩を並べてやっている、同じレベルで戦っていてカッコ良すぎました。ワケわからないことやってるのにそれがめっちゃ面白くて。あの人たちも元々は相当変です。酒井さんの方がより変ですね。

――その取材で酒井さんは「自分には野心がない」と言っていたんですが、野田さんは「野心」に関してはいかがですか。

野田　僕はまだ中二病引きずっているので、野心がない酒井さんを見てかっこよさを感じてる部分があったのかもしれない。当時を振り返ると、いろんなことを小馬鹿にしてたのかな。モダンタイムスイズムじゃないですけど、賞レース勝ちたいとかMCやりたいとかそういうものを目指している人をバカにしていたかもしれませんね。**でも本当はモダンタイムスもミーハーだしテレビにも出たかっただろうけど、僕みたいなやつがいるばっかりにかっこいい背中を見せようとして、ミーハーなことができなかったんじゃないかなと思います。**本当はめっちゃポップな人間なのに（笑）。

僕自身は……結構ミーハーだと思います。**プロだと思っていないのかもしれない。**テレビ出たら「ああテレビだ」と思うし、「オールスター感謝祭」に出たら「芸能人だなあ」と思うし、いつもその気持ちはありますね。それは一生なくならないし、ずっとそうありたい。舞台でも歓声が来たら「すごいな俺らのこと知っているんだ」と思います。

――以前インタビューで「敢えて完成させないこと」や「現場で対応するための余白」を大事にしていると語っていました。歓声を新鮮に感じる気持ちと現場に対する余白には通じるものがありそうですね。

野田　そうですね。プロだったら作って

きたネタをしっかりおろすことが仕事です。歓声があろうがあるまいが関係ありません。でも、僕は地下芸人の先輩たちに影響を受けてきたので、型が決まったお笑いよりは余白があるほうが楽しいと思う。**未完成でありたいというのは、信念というよりは技術的な部分かもしれません。**

そもそも完成されているとか完璧であることって難しいところがあると思うんです。**結局は自分の言葉に落とし込めているかどうかが重要だと思います。**カンペでもネタでも噛んだり飛ばしたりする人は落とし込めてないんです。自分の言葉になっていない。だって「自分の人生を語ってください」に飛ぶもクソもないじゃないですか。

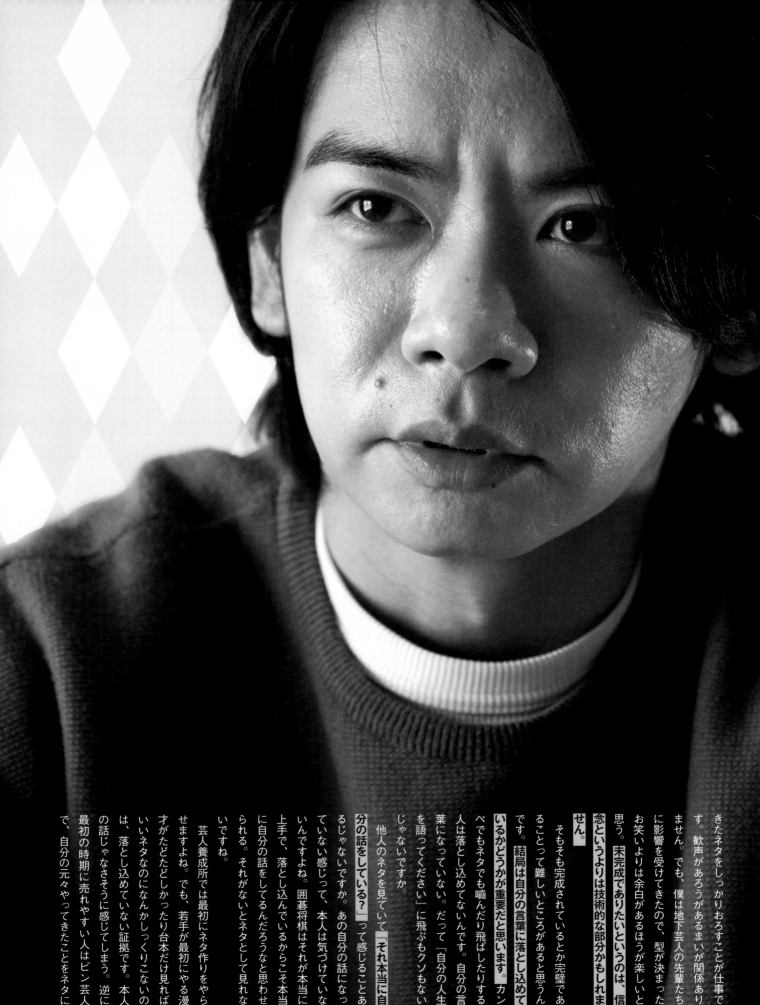

他人のネタを見ていて**「それ本当に自分の話をしている？」**って感じることあるじゃないですか。あの自分の話になっていない感じって、本人は気づけていないんですよね。囲碁将棋はそれが本当に上手で、落とし込んでいるからこそ本当に自分の話をしてるんだろうなと思わせられる。それがないとネタとして見れないですね。

芸人養成所では最初にネタ作りをやらせますよね。でも、若手が最初にやる漫才がたどたどしかったり台本だけ見ればいいネタなのになんかしっくりこないのは、落とし込めていない証拠です。本人の話じゃなさそうに感じてしまう。逆に最初の時期に売れやすい人はピン芸人で、自分の元々やってきたことをネタに

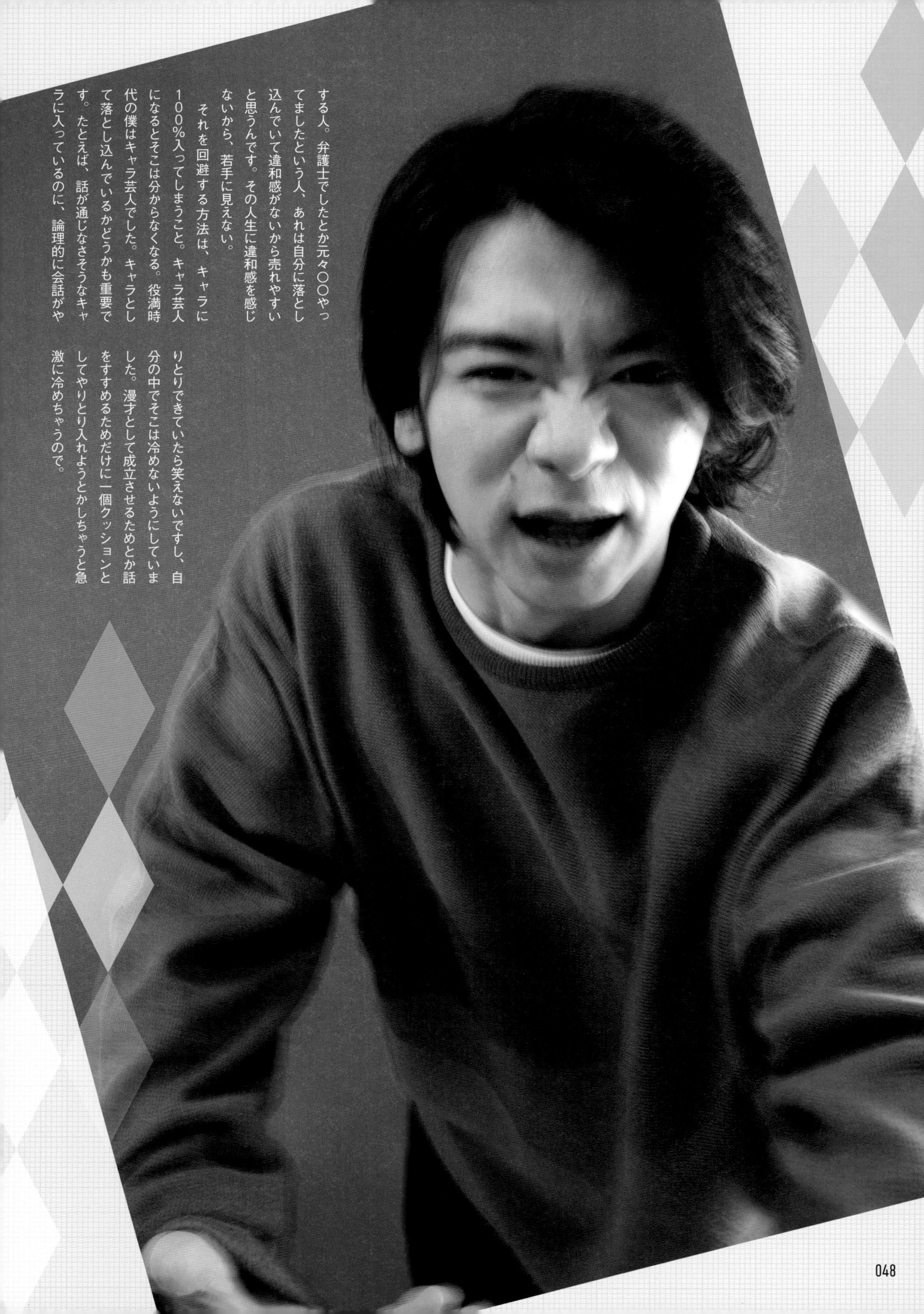

する人。弁護士でしたとか元々〇〇やってましたという人、あれは自分に落とし込んでいて違和感がないから売れやすいと思うんです。その人生に違和感を感じないから、若手に見えない。

　それを回避する方法は、キャラに100%入ってしまうこと。キャラ芸人になるとそこは分からなくなる。役満時代の僕はキャラ芸人でした。キャラとして落とし込んでいるかどうかも重要です。たとえば、話が通じなさそうなキャラに入っているのに、論理的に会話がやりとりできていたら笑えないですし、自分の中でそこは冷めないようにしていました。漫才として成立させるためとか話をすすめるためだけに一個クッションとしてやりとり入れようとかしちゃうと急激に冷めちゃうので。

最初の頃のド痛さが未来の財産になっている

芸人から見た「お笑い」論 vol.2

Magical Lovely NODA CRYSTAL

――野田さんは漫才もコントもピン芸もやっています。漫才はツッコミがいて成立する芸だと思いますが、野田さんが考えるツッコミの役割ってなんだと思いますか？

野田　まず、僕はツッコミから考えています。ボケ一方通行でネタなんて考えられないと思いますし、吊り革のネタでいえば、自分でネタ考えながら「いや、いくらなんでも揺れすぎだろ」と思うから、「いや起きろよ」「なんの電車なんだよあれ」と自分の中で言えて、あのボケができる。**ボケの人は同時に自分の中で考えて解釈している、それがツッコミですよね。**

自分の中でこういうツッコミが浮かんでて……というよりは最初から思いついているんです。吊り革につかまらずに電車に乗りたいとなったときに「揺れるんだろうな」「揺れすぎだこれは」「全然立ってられない」とか。高級フレンチのネタだったら「マナーとかの問題じゃねえだろ」と最初に思い浮かんでるから作ることができる。相方に「マナーというネタを作ったんだけど」と説明するんですけど、**そのときに実際に僕がやってみて同じような感想を村上が思うのであれば、このネタはいけるなって思う。**僕がやってみても向こうが全然そう思わない、疑問に思わないならやらないですね。ツッコミというのは、僕であれば村上、相方が最初のお客さんだと思うので。だからその感想をくれる人がツッコミかなと。その感想が二人で合わないと違和感が出ちゃう。最初の頃はあったと思います。今は最初に俺がネタを持っていって、向こうが違う感想を持つことはあまりないので、考えた時点でネタができちゃっていることが多いです。**今はネタづくり、めちゃくちゃコスパがいいですね**（笑）。

――野田さんは村上さんにどのようにネタを持っていくんですか。箇条書きのような感じか、具体的なセリフもあるのか……。

野田　セリフは簡単な説明くらいで、持っていくのは設定と流れくらいですね。中身についてはやりながら詰めていくんですが、高級フレンチだったら最初に、フォークやナイフは端から使って、最後はななめに置くとかあるみたいで、とマナーを色々言って。で、**最初に「俺が窓を破るわ」と。そこから火を入れていく感じ。**あとは、もう大喜利ですね。お題はできた。あとはボケを増やしていく作業。最初に目的をはっきりさせて、ネタでやりたいことを説明して、じゃあやっていくかと。**そこから先はもう自由演技です。**

ボケはそういう余白から成長すると思うし、ツッコミはボケも気づかなかった部分を言いたいという欲が生まれるときに成長するんだと思います。**村上もそこが生まれてきてツッコミとして強くなり、お互いが成長してきたんだと思います。**昔はツッコミしづらいボケや動きを一方的に俺がやることも少なくなかったんですよ。それがなくなって向こうもラクになっただろうし、こっちはちゃんと笑いが起きるようになって負担が減った。でも、昔の漫才が好きな人には物足りないかもしれませんね。

ただ、昔の方が変わったことがやりたかったかといえば、そうでもない。今はフリの時点で何やるかわかるよねということが多いというだけで。最近は突然変なことをして周りをびっくりさせないようになったというか。

人間としての成熟なんでしょうかね……。周りに負担をかけない、迷惑をかけないっていう（笑）。迷惑かけないことを好む人もいれば、周りをまったく考えずにボケ続けるタイプもいますし、どちらでもいいと思う。僕はたまたま前者にいって、調子がいいし結果が出たというだけですし、ボケ続けて人を困らせ続けるのもそれはその人の色です。なので、今のマヂラブのネタでは、村上は困りツッコミではないですよね。暴言というか吐き捨てるくらいのツッコミをすることが多い。**昔のマヂラブのファンにとって村上は「の〜だ〜く〜ん」と困り顔で諭すようなツッコミのイメージだと思います。**それは俺がボケ続けるから困るしかなかった。でも今はフリの段階である程度お客さんと世界の共有ができるので、思い切った暴言のようなスタイルでもできるように変わってきました。

——そういった「他者への思いやり」とお笑いは結びついていると思いますか？

野田　これは芸人人生の話だと思います。**周りのこと何も考えずに剝き出しでやっているときはエンジンかかっているので、それが将来の財産になったりもする。**最初から生真面目に周りのことを考えてやっていると、こぢんまりした芸人になっていたかもしれない。1年目から今の僕のテンションだったら、こうはなっていなかったはずです。**僕もド痛かった時代があって、シュールなコントもやったし、ブリーフを穿いてネタをやったこともあったし、それがあったからこそ今がある。**お笑いに限らないと思います。最初の頃のド痛さって未来の財産じゃないですか。だから大事にしたいですよね。痛さというのは、一個の行動力だから。痛いからダメというわけではない。

昔の僕は「何言っているんだバカ、それは何の意味があるんだ」と、ひたすら否定し続けていただけでした。上下関係に何の意味があるんだ、先輩に奢られて後輩に奢るって何の意味があるんだ、先輩に奢り返せよと一方的に思っていたし、何も話さなかったくらい「お前らとは違う」というポーズを決めて絡まなかった。お前らはお前らで勝手にそうやってればという感じでしたが、今は言い分はわかる。その歴史自体が面白いよね、先輩に奢られて後輩に奢る文化自体が面白いよねと、自分の中で落とし込めるようになった。大人になった。**昔に比べたら、ちゃんと俯瞰で見れるようになって、否定より肯定が多くなりました。**

若いときは上下関係を面白いと言ってしまうと、俺が折れたと思われるかもしれないという危惧があったんですよ。でも、「肯定する＝折れた」ではない。位置、ポジションが変わった、広げただけで僕の筋は変わってはいない。だから最初にすべきは肯定することだと思います。**ポジションを変えずにいろんなことを知っていくべきだと思います。**それでも面白いと思うものの本質は変わっていません。ちゃんと今でも上下関係に何の意味があるんだと思っているけど、否定はしません。

——最後に今回の本のもう一つのテーマ「お笑いや漫才には再現性があるのか」については野田さんはどう思われますか。

野田　**僕は芸人だけでなくてプログラミングもやっているので、その目線で言うと、再現性は技術次第で無限だと思います。**再現できないと言っている人たちはAIのことを知らないだけだと思いますよ。とんでもない技術もお金もかければ、AIはいつか再現するでしょうね。だから、できませんとも言えるし、できますとも言える。人間も技術も終わりがないから、その答えは出しづらいかもしれません。果てがないから。果てのないもの同士で戦っている。AIの進化も止まらないじゃないですか。だってこの世のデータを詰め込めるだけ詰められるので。**お笑いに無限の可能性があるというよりは、AI側に無**

プログラミングをやっているから AIに果てがないのを知っている

限の可能性があるので、答えづらいですよね。AIを作った人が芸人よりも面白かったら再現できるかもしれません。

AI側の可能性は本当に無限にあります。なぜならお笑い側はAIを学ばないけど、AI側はお笑いも学ぶので。

僕はプログラミングやっているせいで、AIに果てがないのを知っている。芸人としてインタビューしに来ていただいたのに、ややこしい存在で申し訳ないです（笑）。僕もやっぱAI側に可能性を感じている方なので、プログラミングを学んで何でも作れちゃうと思うようになりました。

プログラミングとお笑いに共通するものと言えば、バグ（不具合）でしょう。プログラミングは、基本的には作るものの半分がバグです。バグを直せる力とプログラミングを書ける力は同じくらい重要で、バグはしょうがないものです。**お笑いでも新ネタライブはバグだらけです。**思ったポイントでウケることはないですから、それをデバッグ（バグの修正）していく。お客さんを前にしたらこんなところでウケるんだスベるんだとわかる。**マジで漫才でもやってることはデバッグですね。**

面白い「つかみ」で、漫才の「本ネタ」はどこまで影響されるか

植田一博
Ueda Kazuhiro

いまや年末のビッグイベントと化した、漫才師の頂上決戦「**M-1グランプリ**」。M-1のほかにも、キングオブコントやR-1グランプリ、毎週放送されている番組にも「水曜日のダウンタウン」から「笑点」に至るまで、日本のテレビはお笑いで溢れています。もちろんテレビ以外にも、吉本の劇場からお笑いライブ、落語の寄席など、日本人は「笑い」に囲まれて生活してきたとも言えるでしょう。

研究者とは、この世のありとあらゆる物事に興味をもち、不思議に思い、その謎や不思議を解き明かそうとする生き物です。これまで何人もの研究者が「笑い」に興味をもち、「笑い」がもつ役割や発生のメカニズム、人間関係に与える影響などさまざまなことを調べてきました。しかし**「笑い」に関する理論は、実はまったくと言っていいほど明らかになっていません。**プロの漫才師や落語家は「笑い」を引き起こす法則・メカニズムのようなものをなんとなく感覚的に理解しているはずですが、その法則やメカニズムの正体は謎のままなのです。

今回、私がご紹介する研究もその一つです。私たちは、**漫才における「つかみ」の役割**について、解き明かそうと考えました。漫才の「つかみ」は、その後に続く「本ネタ」にどのような影響を及ぼしているのか、その仕組みを知りたいと思ったのです。つまり、**「つかみ」には、本ネタをより面白く思わせるための何らかの効果があるのではないか**と考えたのです。

ふだんの私は人間を対象にして、認知科学・行動経済学について研究しています。大雑把に言うと、人の判断や意思決定の仕組みについて研究している、といったところでしょうか。

そもそも、「つかみ」とは「本ネタ」を話す前に小話をすることで笑いを視聴者に引き起こし、彼らが心理的に「本ネタ」を受け入れやすくなる——つまり、「本ネタ」の笑いを活性化しようとする役目をもつとされています。

心理学の分野では「**プライミング**」といって、「つかみ」にとてもよく似た現象があります。「プライミング」とは、「事前にある単語を提示しておくと、その直後、その単語と知覚的・意味的に関連する別の単語の処理が速くなる」という現象です。たとえば、『医師』という単語を提示された後だと、『医師』と意

OWARAI × SCIENCE

PART2

味的に関連する『看護師』という単語の処理時間（声に出して読む時間など）が、意味的に関連しない『富士山』という単語の処理時間よりも速くなる」という現象が知られています。「つかみ」と「プライミング」は「事前に示された言葉や会話が、後に示された言葉や会話に影響を与える」という点で非常によく似た構造をしており、この「プライミング」の研究を「つかみ」に応用できると考えました。

ただし「プライミング」と「つかみ」の間には大きな違いがあります。プライミング現象は、最初の単語と後続の単語の提示間隔が数秒以下という比較的短い場合に顕著にみられます。1日前に「医師」と言われたからといって翌日「看護師」に関する処理が速くなることは考えにくいでしょう。通常、「つかみ」と「本ネタ」との間には数十秒ほどの時間の間隔があるため、「プライミング」の理論が応用できるかはわかりません。

つかみと本ネタの微妙な関係？

研究を行うに際して、まず「つかみ」に対して、いくつかの仮説を立ててみました。一言で言ってしまえば「つかみが面白いほど、本ネタが面白くなる」説です。そして、その仮説を確かめるために実力派漫才コンビであるトータルテンボスさんの協力を得て、3つの漫才動画を用意しました。

1：「つかみ」なし＋本ネタ
2：面白くない「つかみ」＋本ネタ
3：面白い「つかみ」＋本ネタ

この3つの動画を用意した理由は、以下の3つの仮説を検証するためです。

❶「つかみ」があった方が、ない時よりも「本ネタ」を面白く感じるはずだ

❷「つかみ」が面白い方が面白くない時よりも「本ネタ」を面白く感じるはずだ

❸「つかみ」は自律神経系の状態に影響を与え、それが「本ネタの面白さ」に影響を与える。具体的には、どのような形で影響を与えるのか

という3つです。

ここで少し、**自律神経系**について説明させてください。自律神経系とは血圧や呼吸など、特に意識をしなくても自動的（自律的）に働き、身体の調節を行っている神経系です。大別して交感神経系と副交感神経系の2つに分けられます。身体がアクティブな状態で活性化する交感神経系と、リラックスしている時などに

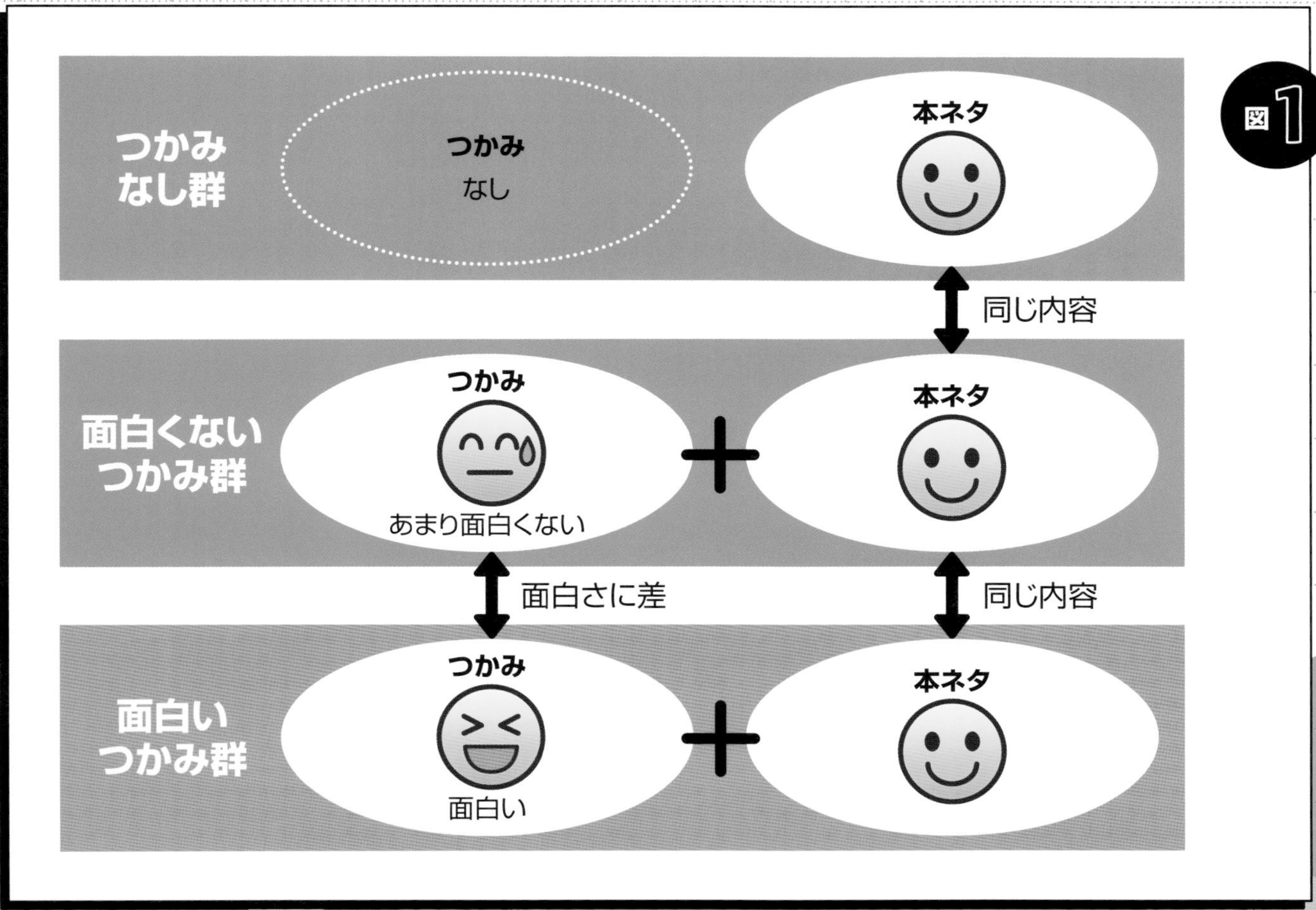

活性化する副交感神経系です。

実は、過去の研究によって「人間が『笑いを誘発する動画』を視聴すると、交感神経系の活動が上昇する。その後しばらくして、交感神経系の活動が低下し、副交感神経系の活動が優位になる」ということがわかっています。それでは、**その神経系の動きが「本ネタの面白さ」（面白く感じる力）にどう影響を与えているのかを調べてみよう**、というのが今回の実験の目的です。ワクワクしているのか落ち着いた状態になっているのかを調べる、と考えるとわかりやすいかもしれません。

では、実際に実験参加者の皆さんに漫才動画を見ていただきましょう。

図1でもおわかりのように、本ネタは3つとも同じですが、「つかみ」なし、「面白くないつかみ」「面白いつかみ」と「つかみ」の部分がそれぞれ異なります。そして、なんともゴージャスなことに、この実験のために、わざわざ、**トータルテンボスさん**に「面白くないつかみ」「面白いつかみ」をつくっていただいたのです。「面白くないつかみ」として、**早口言葉をゆっくり言うだけの「遅口言葉」**。そして「面白いつかみ」として、**「コンビ名を変えたい」という趣旨の「コンビ名」**です。下にあるQRコードから、それぞれ2つのつかみの動画をご覧いただいてから、この先をお読みいただければと思います。

面白いつかみ
90秒+本ネタ

面白くないつかみ
90秒+本ネタ

続いて実験を行います。集まってもらった参加者に動画を見せて反応を調べていきます。具体的には各参加者の表情と心電位を測定します。表情の方は、彼らがどの程度笑顔になっているかを見ていくのでわかりやすいのですが、心電位は「なぜ？」「それ何？」と思われる方も多いかもしれません。心電位とは、心臓の活動によって生じる電位で、よく医療ドラマなどに出てくる、「患者のベッドの横でピコーンピコーンと波打ってる」アレです。皆さんも健康診断などで目にしたことがあるでしょう。実は、心電図の波形を分析することで交感神経系が活発なのか、副交感神経系が活発なのかを調べることができます。

さらに、動画を見終わった後に実験参加者にアンケートを取り、どのくらい面白いと思ったかを7段階で評価してもらいました（**図4**）。

図2

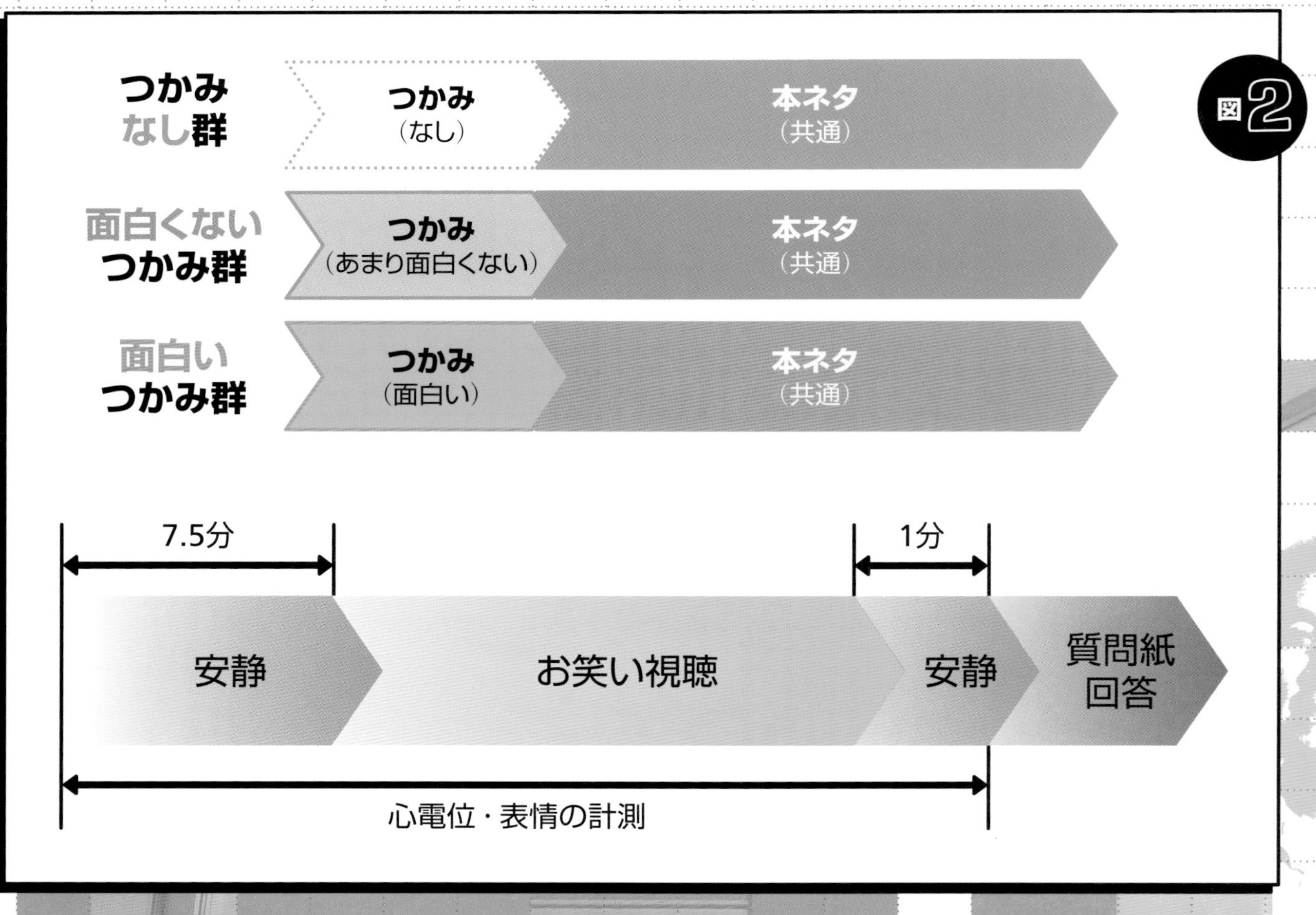

図3

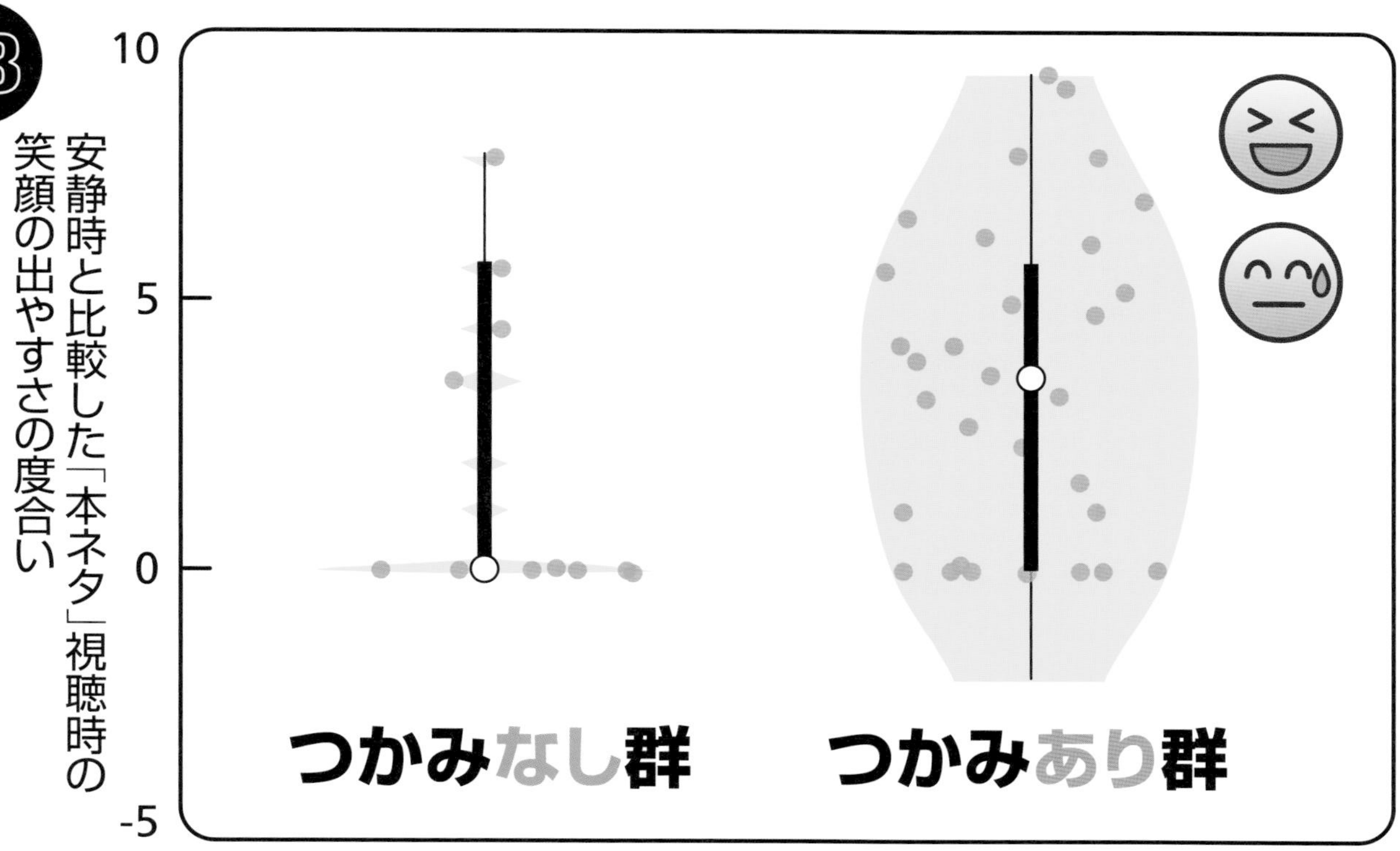

図4

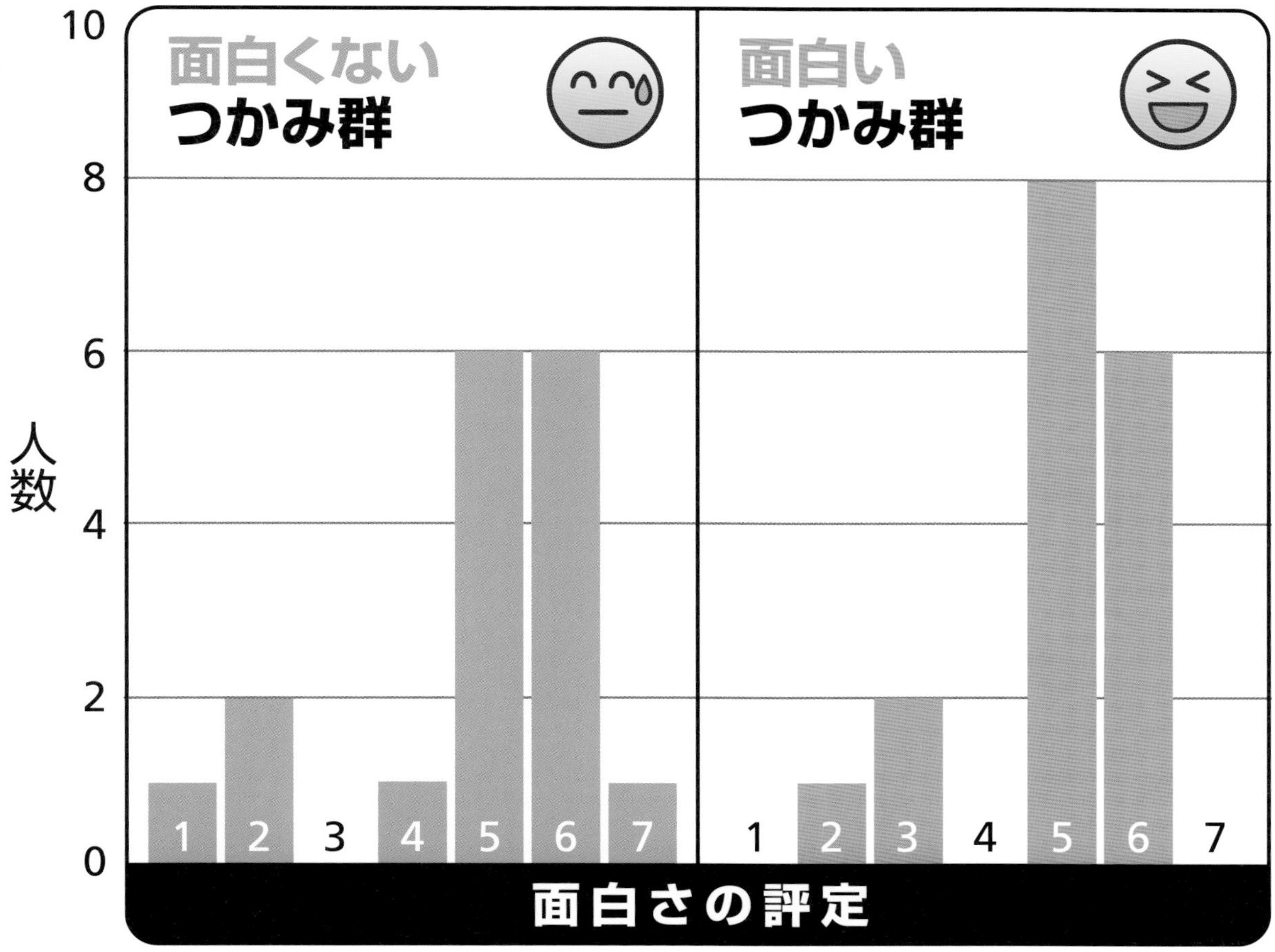

動画視聴後、実験参加者に面白さを7段階で評価してもらったデータです。横軸は面白さの評定、縦軸は人数を表しており、「『面白くないつかみ群』には面白さを6と評価した人が6人いた」のように読みます。「面白くないつかみ群」と「面白いつかみ群」で似たような分布を示しており、あまり面白さに差が出なかったことを表しています。

科学が解き明かす「つかみ」の正体

では実験の結果を見ていきましょう。

まず仮説❶「つかみ」があった方が、ない時よりも「本ネタ」を面白く感じるはずだ——ですが、こちらはその通りでした。以下が実験結果です。

前ページの**図3**は**バイオリン・プロット**と呼ばれるものです。縦軸は安静時に比べて「本ネタ」視聴時に笑顔がどのくらい出やすいかという度合いを、点は実際に得られたデータ（実験参加者）を、白丸はそれぞれの群の中央値（データを順に並べた場合の真ん中の人）を表しています。**黄色の部分**は「実験参加者を増やしたら、データはどのように分布するか」を表しています。「つかみ」なしの人々（群）には笑顔度が高いデータも点々で見られますが、数が少なく、これらは外れ値に近いデータだと言えます。

実際、「つかみなし群」では笑顔度0にデータが集中しているのに対し、「つかみあり群」では笑顔度5を中心にデータが満遍なく分布していると言えます。

つまり、「つかみ」のない漫才よりも「つかみ」のある漫才の方が面白い（視聴者は面白く感じる）という結果になります。どちらも本ネタの部分は同じ動画なので、やはり「つかみ」の存在がいかに大切かがわかります。

続いて仮説❷「つかみ」が面白い方が面白くない時よりも「本ネタ」を面白く感じるはずだ——について見てみましょう。

前ページの**図4**は、実験参加者のアンケートを元にしたものになります。どのくらい面白く感じたかを7段階で評価してもらったものですね。

なんと驚くことに、**「『つかみ』は面白くても面白くなくても（視聴者がどの程度面白がるかについては）関係ない」**という結果になりました。

ただし！　この実験については「誤算」がありました。

トータルテンボスさんにつくってもらった「面白くない」はずの「つかみ」＝「遅口言葉」が実はかなり面白かったようなのです。さすがはプロです。

実験としては十分でない点がありましたが、漫才としては大成功でした（苦笑）。

そして同時に、「『つかみ』を面白いと思えば思うほど、本ネタも面白いと感じる」というデータを得ることができました。**図5**をご覧ください。

これは、「つかみ」が本ネタの面白さに何らかの影響を与えていることを表していると言えるでしょう。おそらく何らかの生理状態を介して影響を与えていると予想できますが、一体どのような形で影響を与えているのでしょうか。

それを確認すべく、仮説❸の「つかみ」は自律神経系の状態に影響を与え、それが「本ネタの面白さ」に影響を与える。だとしたら、**どのような形で影響を与えるのか**——について見ていきましょう。

先ほど説明した心電位の分析をしていきますが、どのような構造によって影響

図5

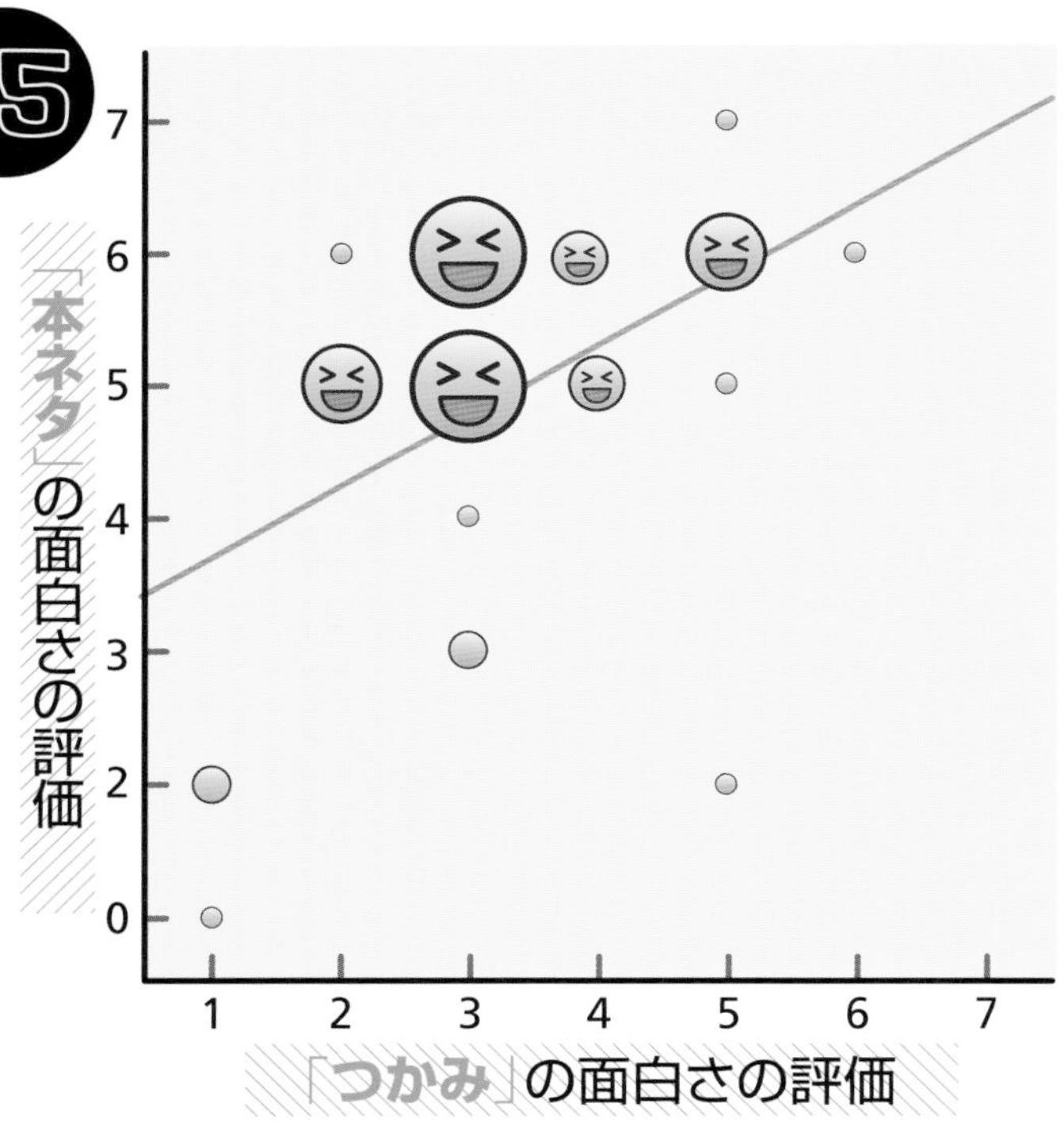

横軸は「つかみ」の面白さの評価を、縦軸は「本ネタ」の面白さの評価を示しています。それぞれの点の大きさは、該当する実験参加者の数をそれぞれ表しています。右側に行けば行くほど「つかみ」を面白いと思い、上側に行けば行くほど「本ネタ」を参加者が面白いと思ったことを示しています。全体的に右肩上がりの直線に沿ってデータが分布しているため「『つかみ』を面白いと思えば思うほど、本ネタも面白いと感じる」と読み解くことができます。

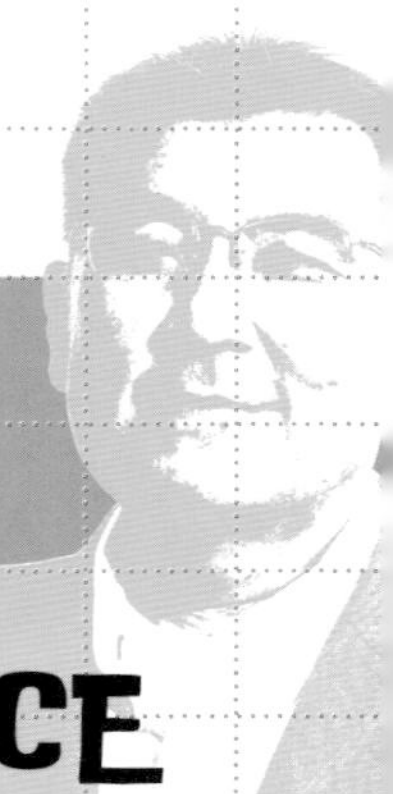

OWARAI × SCIENCE

図6-1

モデルの共通点

- すべてのモデルの共通点として「つかみの面白さ」は「つかみ時の生理状態」に影響を与える。
- 2、4、6、8、10、12のモデルは「つかみの面白さ」が「本ネタ時の生理状態」に影響を与える。

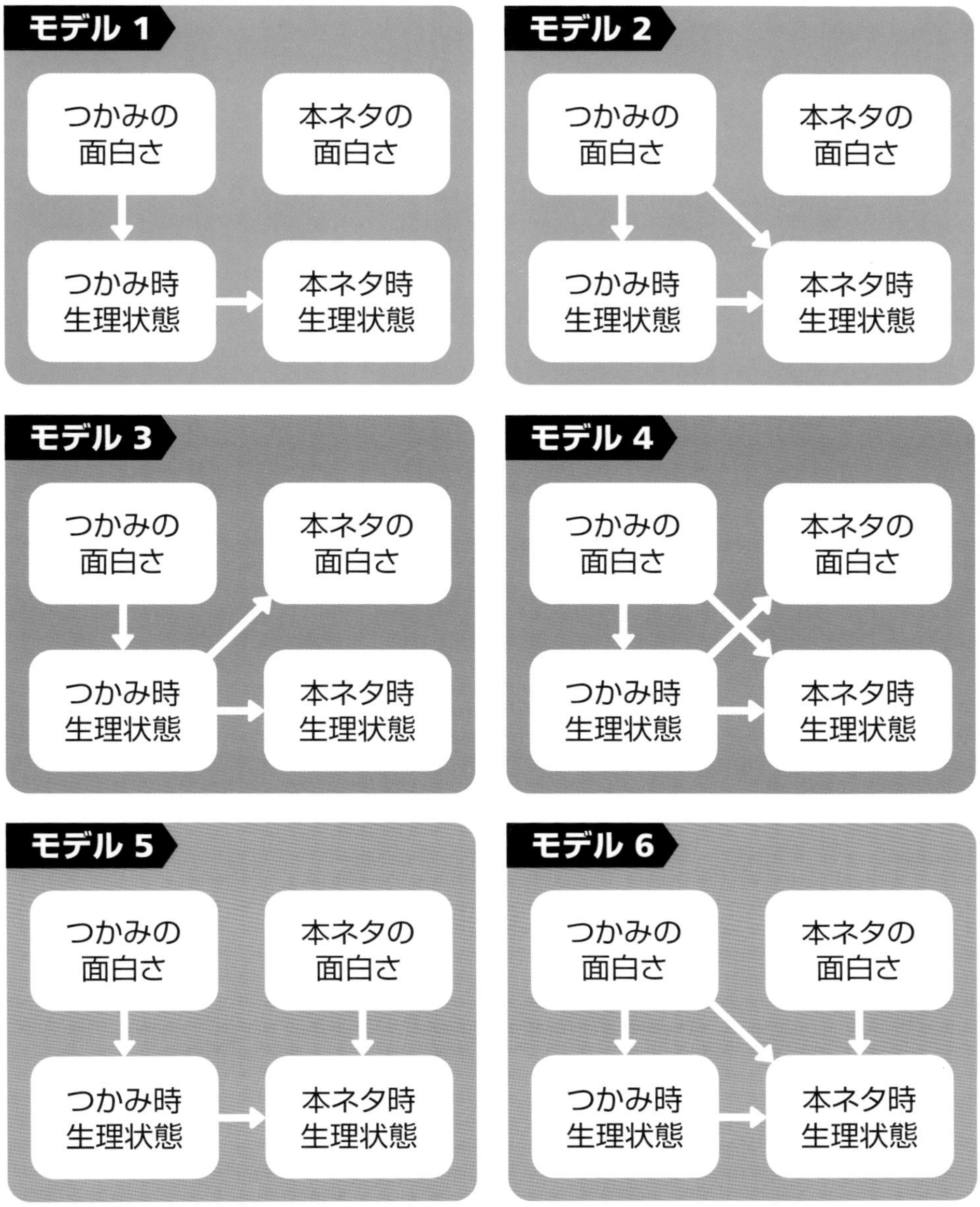

モデル 1·2

「本ネタの面白さ」は「本ネタ時の生理状態」から影響を受けない

モデル 3·4

「本ネタの面白さ」は「本ネタ時の生理状態」からは影響を受けないが、「つかみ時の生理状態」から影響を受ける

モデル 5·6

「本ネタ時の生理状態」は「本ネタの面白さ」と「つかみ時の生理状態」から影響を受ける

図7

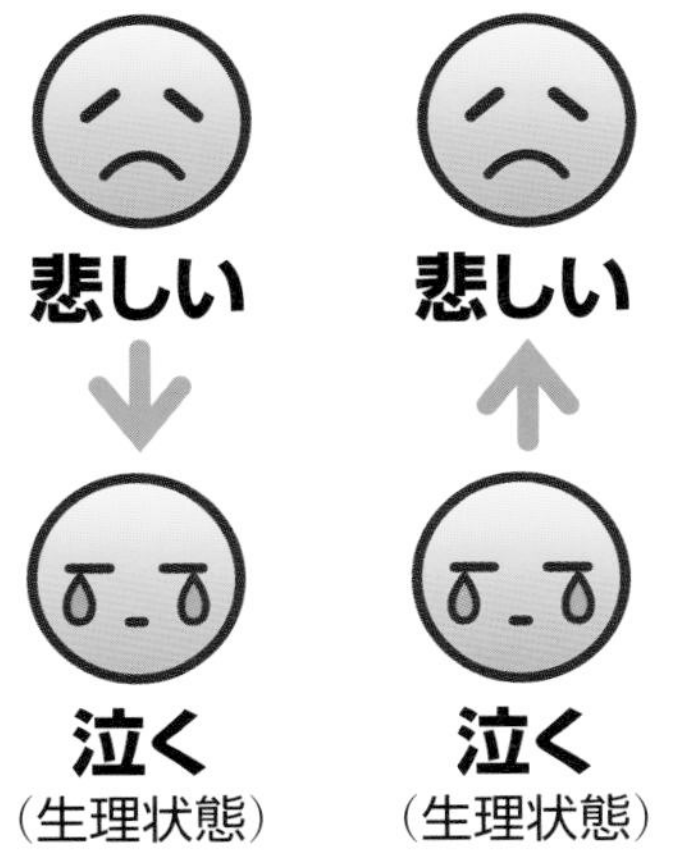

を与えているのかを調べるためには、そのパターンをある程度考えなければなりません。いわば相関関係のようなものを想定しなければならないのです。これを**モデル**と呼ぶことにします。そして想定したモデルのうち、どれが最も実験結果を説明するのに適したモデルかを調べるというわけです。

というわけでこちら、実験前に**1〜12**の全部で12個のモデルを用意しました。**図6**の見方ですが、「生理状態」とは自律神経系の状態のこと（詳しくは、自律神経系のアクセルに相当する交感神経系の活動と、ブレーキに相当する副交感神経系の活動のバランスのこと）。矢印は因果関係を表しています。つまり、矢の

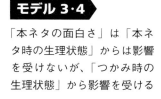

根本が「原因」で、矢先が「結果」である、という意味です。

心理学で有名な話に**「人は悲しいから泣くのか、泣くから悲しいのか」**というものがあります。「悲しい」は感情であり、「泣く」は生理状態を反映したものといえます。感情が昂《たかぶ》るから涙が出てくるのか、それとも涙が出てくるから感情が昂るのか、これを図式化すると**図7**のようになります。左側が「悲しいから泣く」であり、右側が「泣くから悲しい」です。**意外に思う方も多いかと思いますが、現在の心理学では「泣くから悲しい（と感じる）」方が正しいとされています。**

図6の12個のモデルに戻ります。**図7**の「泣くから悲しい」を漫才に当てはめれば、「（面白いと感じるための）生理状態が準備されるから面白いと感じる」方が正しいのだ、ということになります。

では実際にはどうなのか、検証していきましょう。

ここで大切なのは、「本ネタの面白さ」と「本ネタ時の生理状態」とがどのように影響しているのかという点と、その2つに「つかみの面白さ」がどのように影響を与えているかという点です。

いくつかモデルを取り出して説明しましょう。

たとえば、**モデル1・2**では「本ネタ時の生理状態」は「本ネタの面白さ」に影響を与えていませんし、影響を受けて

図6-2

モデル7・8

「本ネタの面白さ」は「つかみ時の生理状態」から影響を受け、「本ネタ時の生理状態」は「本ネタの面白さ」と「つかみ時の生理状態」から影響を受ける

モデル9・10

「本ネタの面白さ」は「本ネタ時の生理状態」から影響を受け、「本ネタ時の生理状態」は「つかみ時の生理状態」から影響を受ける

モデル11・12

「本ネタの面白さ」は「本ネタ時の生理状態」と「つかみ時の生理状態」から影響を受け、「本ネタ時の生理状態」は「つかみ時の生理状態」から影響を受ける

もいません。これではどんなに本ネタが面白かろうと神経系の状態は影響しないことになり、非常にありえなさそうなモデルであることがわかります。

一方で、**モデル7・8**では「本ネタの面白さ」が「本ネタ時の生理状態」に影響を与えています。それに対し、**モデル11・12**では「本ネタ時の生理状態」が「本ネタの面白さ」に影響を与えており、**モデル7・8**とは矢印の向きが逆になっています。これを先ほどの例に当てはめると、**モデル7・8**が「悲しいから泣く」の構造であり、**モデル11・12**が「泣くから悲しい」の構造であるといえます。

では、実験の結果から導き出された影響の構造はどのモデルで説明できるでしょうか。

それは、最後の**モデル12**です。

これは、「つかみの面白さ」は直接「つかみ時の生理状態」と「本ネタ時の生理状態」の双方に影響を与えており、それぞれが「本ネタの面白さ」に影響を与えているという形です。**この図で最も大切なのは、「つかみの面白さ」が「本ネタ時の生理状態」に影響を与え、それが「本ネタの面白さ」に影響を与えているという点です。**

「つかみの面白さ」が「本ネタ時の生理状態」に影響を与えるというのは、「つかみの面白さ」が本ネタを面白いと感じられるような生理状態を準備させているのだ、ということです。「つかみ」によって本ネタを受け入れる自律神経系の準備ができるといえるでしょう。また、「本ネタ時の生理状態」が「本ネタの面白さ」に影響を与えるという関係は、生理状態が準備されているからこそ、本ネタを面白いと思うのだ、といえます。先ほどの例を用いると、涙が出てくるから感情が昂る、つまり「泣くから悲しい」型であるといえます。これはおそらく意外な結果だったのではないでしょうか。

これにより、仮説❶の「つかみ」があった方が、ない時よりも「本ネタ」を面白く感じるはずだ、そして、「つかみ」が自律神経系の状態に影響を与え、それが「本ネタ」の面白さに影響すること（**図6-2**の**モデル12**が示している内容）を示すことで、仮説❸、つまり「つかみ」の面白さが「本ネタ」の面白さに自律神経系の活動を介して影響していることを確かめることができたといえるでしょう。

さらなる「つかみ」追究の道

今回の実験では、「つかみ」には本ネタを面白いと感じさせる効果がありそうだということがわかりました。ここまではおそらく予想通りと言ってよいでしょう。しかし、面白い「つかみ」でも面白くない「つかみ」でも同様な結果が得られたことは、予想外の結果でした。ただ、これは「つかみ」の面白さを十分にコントロールできていないことによる結果だと考えられます。プロに面白くない「つかみ」を披露していただくこと自体が難しいと同時に、プロでも面白さを完全に予測できるわけではないという点にとても面白さを感じています。「つかみ」一つとってもきちんと実験が成立するとともに、一部については予想とは別の結果になるなど、**漫才や笑いの研究というのは難しいことばかりです。**

さて、今回の実験参加者は50人であり、漫才動画もトータルテンボスさんのものだけです。つまり、今回は実験としては成立したものの、検討対象の漫才動画の種類と実験参加者の数が少なく、一般的と言える結論を導き出せたかどうかはさらなる検討が必要です。また、「つかみ」以外にも漫才の技法というのは数多く存在します。ですから、今後はより多くの漫才師や実験参加者と協力して、今回の結論の一般性を確実にするとともに、「つかみ」以外の技法についても同様の構造や効果があるのかどうかも調べ、解き明かしていきたいと考えています。

PROFILE

植田一博 うえだ・かずひろ

1963年生まれ。1993年東京大学・大学院総合文化研究科・広域科学専攻・博士課程修了。博士(学術)。その後、同大学院にて助手、助教授、准教授を経て、2010年より教授。専門は認知科学、知能情報学、人文社会情報学。認知バイアス、判断を誘導するナッジ、創造的思考、人と人／人工物のインタラクションなど「人の認知」に関して幅広い研究を行っている。共著に『はじめての認知科学』(新曜社)など。

協力
玉木笙鞠(東京大学大学院総合文化研究科修士課程修了)
福田玄明(一橋大学ソーシャル・データサイエンス教育研究推進センター准教授)

補講

トータルテンボス

トータルテンボス

1997年結成。M-1グランプリ2007準優勝。NHKのお笑い番組「爆笑オンエアバトル」では2004年度より6年連続でチャンピオン大会に進出、番組史上初の3連覇を果たした実力派コンビ。YouTubeチャンネル「トータルテンボスのSUSHI★BOYS」は、登録者数50万人を超える人気チャンネルに成長。

つかみは挨拶《アイサツ》に似ている 周囲の雰囲気を一気に良くする魔法だ

アフロヘアーも「しのびねえな」「かまわんよ」も立派なつかみなのか？　彼らが認める「最高のつかみ」とは？　つかみの研究を行った東大・植田一博教授と、トータルテンボスが繰り広げる「つかみの定義」から「スベったときの対処法」まで——。

TOTAL TEN BOSCH

 TEXT｜編集部　PHOTO｜森清

「遅口言葉」に「ジーコ紹介」面白くないつかみ……?

藤田憲右

FUJITA KENSUKE

1975年静岡県生まれ。ツッコミ担当。趣味はグルメ・お酒・料理・高校野球情報の収集とプロ野球選手の出身校当て。趣味が高じて『ハンパねぇ！高校野球』（小学館よしもと新書）を上梓。特技は大食い。YouTubeチャンネルでは、ボケ担当の大村によくドッキリを仕掛けられている。

植田　実験の素材として、トータルテンボスのお二人に「面白いつかみ」と「面白くないつかみ」をそれぞれつくっていただいたのですが……。

面白くないつかみ……遅口言葉

面白いつかみ……コンビ名を変えたい

……ところが、プロの芸人がつくったものだから、実験参加者の方々には「面白くないつかみ」のほうもすごく面白かったみたいで、実験の結果としては両者に差が出ませんでした。

大村　**単純に僕たちが「面白い」「面白くない」と思うつかみを出しただけで、それが結果的にウケたということなんでしょうね。**つかみはつまらなくしようと思えばいくらでもつまらなくできるとは思いますけどね。

植田　その「つまらないつかみ」を出すのはプライドが許さなかった？

大村　いやいや、本当に「面白くない」と思っていたんですよ。

藤田　僕がつくったんですけど、遅口言葉って、単に「ゆっくり喋る」ってだけのつかみですから。

植田　たぶん、その言い方が面白かったんでしょうね。

藤田　**「遅口言葉」**っていう言葉を聞いただけで面白そうですしね（笑）。

大村　**「コンビ名を変えたい」**っていうのは、トータルテンボスをハウステンボスに変えようというつかみですね。**もうひとつ「それ、自己紹介じゃなくてジーコの紹介じゃん」っていうつかみもあったんですけど、今の若い人にはサッカーのジーコがわからないだろう、ということでやめました。**

植田　もしも、つかみが本ネタよりも面白かったら困ったりしますか？

大村　困るといったら困るでしょうけど、結果的に本ネタよりつかみがウケたよねってことはないですね。

藤田　お客さんも、つかみと本ネタでは明らかに段落も変わるっていうのはすぐわかる。ちょっと笑いやすい環境をつくっておいて本ネタに入るというのがつかみの役割であって、あくまで本ネタを笑

大村朋宏

MURA TOMOHIRO

1975年静岡県生まれ。ボケ担当でありネタ作成者。趣味の麻雀は芸能界最強レベルといわれる。YouTube恒例のドッキリでは、毎回ハメられる藤田に対して優しく語る「愛くるしい」がお決まりの台詞。やんごとなき日々を書き下ろしたエッセイ『お道化もの（おどけもの）』（ワニブックス）発売中。

いやすくするための手段です。「コンビ名を変えたい」や「遅口言葉」のように自分たちでゼロからつくるつかみもあれば、**僕らの舞台の前のコンビのネタやしぐさを拾う、「かぶせ」っていう方法もあります。**

大村　たとえば、僕らの出番の前に、銀シャリが「野菜の大発見！」っていうネタを喋っていたとするじゃないですか。銀シャリの鰻（和弘）が「野菜にはすべて『ん』が入ってる」と振って、ダイコ「ン」、ニンジ「ン」、ピーマ「ン」と話す。それを受けた橋本（直）が「野菜にはすべて『濁音』が付いている」と言って「ダァイコーン」「ニンジーン」「ジャガーイモー」と、そこでウケをとる。**彼らの後で僕らが登場したときに、「どうもトータゥウルゥ　テンボスゥ！です」とかぶせると、簡単に笑いがとれちゃう。**あるいはプラス・マイナスの兼光（タカシ）がよく僕らのマネをしてくれるので、**逆にそれを利用して、「トータルテンボスのマネをする兼光」を僕らがマネするだけでもドカーンと笑いがとれる。**

藤田　あとは、双子のコンビが登場した後に僕らが出る場合とかに、**「どうも。双子のコンビが続いちゃいましたね」「なんでだよ」**みたいな。これも「かぶせ」ですね。前のコンビの話やネタにかぶせていくやり方です。

大村　つかみっていうのは、「面白い」「面白くない」の差よりも、「ある」「ない」の差じゃないかと思いますけどね。

植田　それは実験結果と整合していますね。「ある」と「ない」とでは一定の差が出ましたが、「面白い」「面白くない」だとどちらの本ネタもあまり評価は変わりませんでした。

大村　**そもそも「つかみ」って挨拶みたいなものだと思います。**ご飯を食べるときに、挨拶するかしないか、みたいな。「いただきます」って言って食べ始めると、まわりの雰囲気も良くなるじゃないですか。味は変わらないんだけど。そのぐらいの差かな。

植田　では、「つかみ」を積極的にブラッシュアップしようとか、練っていこうとか、そんな風にはあまり考えないんですね。

大村　競技漫才とかM-1では、つかみがないコンビも多いじゃないですか。持ち時間も限られていますし、つかみをワンクッション入れるより、最初から本題に入る。**1分をつかみ、3分を本ネタにあてて、つかみでドカンと笑いをとるより、最初から本ネタで勝負してドカンと笑いをとったほうが、賞レースでは評価が高いんじゃないか、**そういう考えなのかもしれません。舞台ではつかみがあったほうがいいと思うけど。

藤田　**「最初のボケ＝つかみ」**という解釈をするならば、2022年のM-1でさや香がやった「免許を返納」の話、あれはつかみですよね。僕らでいうと挨拶ボケ、たとえば**「しのびねえな」「かまわんよ」**っていうのがありますけど、あれもつかみといえばつかみですね。

植田　ちなみに「つかみ」の定義っていうのは、あるんですか？　漫才の教本みたいなものはないと思いますけど、定義は決まってるのかなと。

藤田　とくに定義はありませんが、「意外性」っていう要素が結構大事かなと思います。**意外なことを言うとウケやすい。**初めて僕らの漫才を見る人が、僕らのナリを見て「あ、こんな感じの漫才なんだろうな」とか予測するわけじゃないですか。だけどキャラとまったく違うことを言ったら、思わず笑ってしまう、みたいな。

大村　今までの最速のつかみは、マヂカルラブリーの「いきなり土下座」からの登場。ああいうのが一番いいですよね。**時間をかけずに、会場の雰囲気を温めることができる。**その次に短いのが、おそらく東京ダイナマイトの、舞台に登場するとき、歩きながら始めるつかみかな（2009年　格闘技の勝利者インタビュー）。東京ダイナマイトは時間をかけないつかみがとても巧い。

植田　今回の研究結果について少し説明をさせてください。「つかみがある場合」「ない場合」を比較したとき、最初につかみがあり、続いて本ネタを演じたほうが、見ている人々の笑顔が出やすいという結果が出ました（表情の比較）。そこで実験参加者の自律神経について調べてみました。自律神経には、自動車でいえばアクセルにあたる「交感神経」とブレーキにあたる「副交感神経」があるのですが、**実験参加者がお笑いを見ると、まず交感神経系が活性化し、そのあとしばらくして副交感神経系が活性化します。**最初体がワーッと熱くなり、しばらくして体がリラックス状態になるというイメージです。つかみの面白さが本ネタを聞いているときの生理状態に影響を与えている、それが本ネタを面白いと思うかどうかの生理状態に影響を与えている。「なぜ、つかみがあるのか」という私の質問について、「笑いやすい雰囲気

「双子のコンビが続いちゃいましたね」前の組を使った「かぶせ」も有効

をつくる」とお話しになっていましたが、**つかみは、聞いている人を生理的に笑いやすい状態にする効能があるという点が、ある程度科学的に裏付けられたことになる。**ただ「それでは、その面白さとは何か」についてほとんど検証できていないので、皆さんにフィードバックできる段階にはない、ということでもあります。

大村　そもそも面白さの定義っていうのはないですよね。人によりますからね。

植田　学術的にも「笑いとは何か」「面白い、とは何か」という定義らしきものは一応あるのですが、決定打はないんです。**世界的に有名な神経科学者のV・S・ラマチャンドランも「笑いほど、メカニズムがわからないものはない」と語っています。**

大村　解明してほしいような、でも解明してほしくないような……。

植田　生理的なメカニズムについては解明されても問題ないと思いますが、「**面白い、とは何か」が科学的に解明されてしまい、大学の授業で学んだり、教科書に書いてあるとおりにすれば誰でも笑いをとれたり、ということになれば、それは「面白くない」でしょうね。**

大村　芸人が必要なくなりますね。AIがあれば誰でも笑わせることができる、みたいな。

植田　そのぐらい「笑い」の正体を突き止めるのは難しいということでしょう。

藤田　**（自分の頭を指して）このアフロも一種のつかみみたいなもんです。**見た目も十分つかみになる。

大村　**……漫才のつかみと本ネタの関係って、「食べ物屋」みたいなものなんじゃないですかね。**

植田　どういうことですか？

大村　お店の見た目の雰囲気とか、漂う香りとかが「つかみ」ですね、「あ、ここおいしそうだな」と、お客さんを引き寄せる。で、実際店に入って料理が提供されて、そこからが本ネタというイメージですかね。お店に入るってことは「つかみ」がいい、っていうことですよね。今日は中華にしようかなと思って、町中華の店構えや香りに引き寄せられたと思ったら、その店では本格的なフレンチ料理が出てきて「おおっ、面白いな。おいしいな」という流れでしょうか。

植田　その比喩は面白いですね。とすると、お笑いにフレンチや町中華があるかどうかはちょっとわかりませんが、**たとえば町中華っぽい「つかみ」や高級フレンチっぽい「本ネタ」っていうのはあるものなんですか？**

藤田　たとえば寄席（劇場）ですと、お客さんは待っているわけですよね。そこへ町中華だ、面白そうだな、と思っていざ聞いてみたらフレンチだった、というパターンはあると思うんですよ。そうすると、「町中華だと思ってたんだけど、フレンチも思いのほかよかったな」と納得してしまうことはあるかもしれません。

植田　なるほど。いずれにしてもフレンチがおいしくないとガッカリするのは間違いないですね。やはり本ネタが面白くないと、ギャップがあったとしてもうまく機能しないという結論になりますね。

藤田　ただ、意外性があったほうがウケやすい、とさっき言いましたけど、親和性があったほうがウケやすいというケースもあるんですよ。ヤンチャそうな二人が出てきて、案の定ヤンチャそうなネタを喋るとウケるということもある。

植田　なるほど、奥が深いですね。

大村　**もしかしたら、そこはテクニックによる部分が大きいのかもしれない。話し方とか、間の取り方とか。**

植田　会話の中で笑いを引き出すというのは、僕らのような素人でも多少はするじゃないですか。でもネタを考えろって言われると、素人にはすごく難しいことだと思うんです。会話の場合は相手が何かを言ってくれて、そこに、さきほど話に出たような「かぶせ」、つまり、相手の会話を利用しながら面白さを引き出すことができる。**しかし、笑いが引き出せるようなストーリーをあらかじめきちんと考えるのは難しいと思うんです。**その違いはどこにあるんでしょう？

大村　会話とネタの違いということですかね。ネタは文字どおりのゼロからつくりますんで。たしかに会話とは違う。

植田　そこを知りたい。あ、でもネタの作り方は企業秘密ですかね。

大村　いや、そんなことはないですよ。

藤田　**ネタって100パーセントの完成形ってないんですよ。**どこまでいっても満点はない。8～9割の完成度をもって「完成」とするならば、僕らが普段の劇場とかでおろしているネタもそこに含まれますが、そこまでいきつくには、まず二人で台本を読み合わせるところから始まります。暗記して二人で合わせてから、お客さんの前で披露する。で、やってみ

その状況を楽しんで喋っていると次第にウケが取れる不思議

たら「ここがあんまりウケないな」という個所を修整したり、言い方を変えてみたり、余分なところを削ったりしていきます。**だんだん「馴染んでくる」という感覚がすごく大事で、馴染んでくることでネタがそれまで以上にウケるようになる。それが8割ぐらいの完成。**

植田　つまり、最初の台本では「核」となるようなものはあるとしても、お客さんの反応を見たりすることでインタラクティブに改良していくということなんですね。

大村　中身も大事ですが、熟練度というか成熟してからのほうが大事かなと。相方に対して**「ちょっとそこの部分、もう少し遅いタイミングで来てくれ」**とか。いわゆる「間」ですね。間がすごく大事です。

植田　知人に「間」の研究をしている人がいます。彼の研究によると、たとえば、芸人が漫才を始めた直後は二人の会話があまりかぶらないんですが、話が後半、山場に入ってくると、次第に二人の会話がオーバーラップ、重なってくる、という内容なのですが、でも、漫才でない会話でも、普通は自然にそうなりますよね?

藤田　**いや、でも、たしかに漫才というのは話のリズムというかテンポのコントロールをしているようなところがありますね。**話し慣れている熟練したネタだと、「あ、ちょっと流れが速いな」と思ったら、わざと遅くするとか、その逆に「遅いな」と思ったら早めに突っ込むとか、もあります。ジョッキーが馬に鞭を入れる感覚で「あ、今日のお客さんたち、ちょっと追いついてないかも」と思ったらペースを落とすとか、なんとなくですが、やってます。

植田　なるほど、お客さんの反応を見て決めているわけですね。漫才をする時間って、3分とか5分とか決まっていると思うんですが、話のリズムやテンポに時間は影響しますか?

大村　劇場で話す時間は1回10分程度です。僕らのネタって8分ぐらいにしていて、8分過ぎたらだいたいいいかな、いつでも終わりにしていいかなという感じでやっています。9分でもいいし、1分ぐらいオーバーしてもそんなに怒られることはない。

植田　僕は日本の古典芸能の研究も続けているのですが、文楽、つまり人形浄瑠璃では時間制約がすごく厳しい。文楽は語り部となる「太夫」がメインで、太夫が（息を吸って）語り始めてから次に息を吸うまでの時間が結構細かく決まっているようなんです。話の筋は決まっているから、1時間半ぐらいの演目をやってもたぶん1分はズレません。劇場に観にいくと「終演時間　午後8時39分」とか1分刻みで書いてあったりします。**それは正解の「型」が決まっているからなんでしょうね。**

藤田　僕らは単独ライブもやるんですけど、最初のうちは時間がオーバーしたりしますが、カチッと固まってくると、VTR流したり、着替えをしたりも含めておおむね2時間5分前後で収まるようになってきます。**体内時計みたいなものですかね。**

植田　それがプロの技なんでしょう。ところで、さきほどお客さんに合わせて間を変える、という話が出ましたけど、やりやすいお客さん、やりにくいお客さんというのはいます?

大村　そうですね、お客さん全体が若すぎると「あ、ここは笑うところじゃないのにな」というところで笑いが起こったりして、少しやりにくいなということはありますね。逆に年配の方が多いと「あ、あまり理解してくれてないな」と思うこともありますし。やっぱり30代ぐらいのお客さんがメインですとやりやすいというのはありますかね。

スベっている時でさえも

植田　さきほど文楽の話をしましたが、東京のお客さんと大阪のお客さんでは、明らかに反応が違うんです。大阪のお客さんは総じてウケがいい。東京のお客さんは真面目な印象があります。**私は、舞台の演者と観客がインタラクティブにどうやって息を合わせていくのか、舞台をつくっていくのか、といった部分に興味があるのでそこがとても気になるんです。**

藤田　舞台で話をしながら、ですけど、たとえば全然ウケていないときに、相方が「なんとかしてウケをとりにいこうとしているのか」、または「今日は何をやってもダメだから淡々とこなそうというモードになっているのか」とか、そういうのはなんとなくわかりますね。

植田　お互いにそうなんですか？

大村　その日に話すネタはだいたい僕が決めます。1回の話は4分程度なので、2分ぐらいのネタを2本、何と何をくっつけるかといった形で固めておくのですが、前半がウケなかったときは、後半は勝手に替えて自由にやっていこうみたいな流れになることもあります。

藤田　つかみを2本にして、本ネタの2本目をやめたりもします。「もういいだろ」みたいな感覚。**シメを二人のケンカみたいな感じにして「もう終わろうか」「OKOK。これならウケ直ししないほうがいいよね」みたいな感じ。**

大村　お客さんがお一人ずつ来ている会場よりも、団体のほうがウケやすいというのはありますかね。集団心理というか笑いが派生しやすい。お一人だと声に出して笑うことに抵抗があるお客さんもいますし。友達と来ていると笑いやすいとか。

植田　同調効果ですね。

編集部　トータルテンボスが大事にしているお笑いはありますか？　ポリシーというか。

藤田　**自分たちが「楽しい」かどうかですね。**やって楽しいネタ、という意味ではなくて、たとえば話をしていてメチャメチャすべったときでも、ツッコミを入れると（大村が）ニヤッとしてるときがある（笑）。「すげぇスベってんなぁ」「やべぇ」って目で合図される。それを見てるとこっちもニヤニヤしてきちゃって……。そういうときって、まったくウケてないけど僕らは楽しいんです。もちろんお客さんを笑わせるっていうのが大事なんだけど、**こっちが楽しんでやっていれば、お客さんも次第に笑ってくれるっていうのがあります。**こういう感覚は若いときは無理でした。でも、どうあがいてもウケないときってあるんですよ。会社のパーティとか忘年会とかに呼ばれてお酒の入った人たちの前で話すときとか。以前、中川家さんと一緒にそういう席に行ったときに、あの中川家さんでさえ、ウケがとれなかったときがあって、若手があとで、「ああいうときはどうしてるんですか」と聞いたら「もう持ち時間を使ってネタ合わせを淡々とやるだけだよ」って答えてました。**「この人たちでもウケないことがあるんだ、それでいいんだ」と、気が楽になったことがあった。**

植田　そういうシチュエーションって年に何回ぐらいあるんですか？

藤田　いや、そんなにないですよ。お酒が入った席では、たまにそうなります。主催者が良かれと思って僕らを呼ぶんでしょうけどミスキャストですよ。招かれざる客。**「俺たちスベってますねー」っていう状態を自分たちが楽しむしかない。**見てる人はいるんです。俺たちが楽しんでやってれば、そういう人たちは笑ってくれる。そこを、俺たちが焦っちゃったり、傷ついちゃったようなそぶりを見せれば、そういう数少ないお客さんも笑いづらくなっちゃう。

藤田 ホントそれ。焦ったり、オドオドしたりするのが一番ダメですね。お客さんに不安を感じさせたらダメ。

植田 研究発表や大学の授業でもそうです。先生が言うことを忘れて焦ったりしていると、聞いているほうは何にも耳に入ってこない。同じ構図だと思います。

大村 **10点満点の台本でも、こっちが楽しめてない、あるいはケンカ状態のときとかよりは、7程度のクオリティの台本でも、こっちが楽しんでやっていたほうが絶対にウケます。**

植田 お二人がケンカしている状態とか、っていうのはお客さんには伝わるものなんですか?

藤田 わかりますね。お客さんには伝わるんでしょうね。

大村 ケンカかどうかまではわからないかもしれないけど、ウケはたしかに弱い気がします。僕はともかく彼（藤田）は器用なタイプじゃないんで、すぐ前面に出ますから。

藤田 **オレ、彼（大村）に怒ってるときはまったく目線を合わせなかったりしますからね。**

植田 ちなみにケンカの原因はなんですか?

大村 いや、それはネタの内容とか、もういろいろありますよ（笑）。誰がやっても、仲が悪いコンビでも面白く話せる漫才・台本ってあると思うんですけど、**ウチは、仲良くやっていくぜ、っていう台本でないと、うまくいかないんじゃないですかね。**そんなに仲が良いわけじゃないコンビっていうのも一定数いるんですけど、たいてい彼らは結成当時からそんな感じなので、ケンカしようが、プロフェッショナルとしてやれている。

植田 面白いですね。どういったところにコンビの仲の良さって表れるんですか?

藤田 仲が悪いとかはわかりづらいかもしれないけど、仲の良さはわかりますね。**仲が良いコンビはネタ中に顔が合いますし。**

大村 **言葉にも表れてきます。ツッコミがボケのことが嫌いな場合は、ツッコミの言葉に愛情がない。ボケを拾ってあげよう、面白くしてあげようという愛情が薄くなりがちかな。**

植田 そこはどうやって伝わるんでしょう? これはお笑いというよりももっと大きな、コミュニケーションの大事さという問題ですね。たとえば二人の人間の親密さは、二人の距離の取り方などからわかったりしますが、**会話の内容ではなく、「話し方」から二人の親密さや関係がわかるかというのは、なかなか興味深いテーマです。しかし案外難しい。**

大村 演技なんかにもかかわってきますね。俳優の方などは実際に仲が悪くても友情を示したりといった演技はできるでしょう。でも、本当に仲の良い俳優さん同士のほうが、やっぱりずっと良い演技になると思いますけどね。本当は大の仲良しの俳優二人が憎みあったりするシーンは、演技にとっては仲の良さがマイナスになるじゃないですか。でも仲が良いから余裕が生まれて良い演技につながるということもありそうだし。

植田 そう考えると、コンビを組んで漫才をする二人というのは、「つかず離れ

「今のM-1に出ている人たちは圧倒的に技術力がある」理由

ずぐらいの距離」がいいということなんですかね。

藤田　そうですね。**ベタベタなのは、周囲には気持ち悪く見えるかな。ある程度の距離感があったほうがいいでしょうし。タイプにもよりますけど、離れているほうがうまくいく、っていうコンビもあります。**

大村　一概にこうだということは言いづらいですが、たしかに「べったり」は良くないかもしれません。**幸いというか、僕らはコンビ内で互いに張り合おうとかそういう意志はまったくないので……普通に楽しくやってるというだけですね。**

植田　そういうタイプが生き残っていくのかもしれませんね。

編集部　トータルテンボスさんといえばホテルのフロントマンのネタ（2007年）が有名ですが、あれから15年たって、今のM-1の昔との違い――たとえば競技性とか、ネタの質・作り方とか、変化のようなものを何か感じますか？

大村　**今の人たちは巧いですよ。圧倒的に技術力がある。**

藤田　たぶん「コンビ結成から10年以内」という出場資格の上限が「15年以内」に延びたということも影響があるでしょうね。**これは僕の持論ですが、デビューから10年目までってそこまで大きな差は出ないんですよ。**10年から15年っていうあたりでメチャクチャ技術力が上がるんです。

植田　具体的にはどういうところが上がるんですか？

大村　やっぱり喋りですかね、言葉の滑らかさとか基本もそうだけどとにかく巧い。僕らが10年未満でやっていたときと今とを比べると、漫才に対するアイデアは、かつての10年未満の時代のほうが多かった。笑い飯のダブルボケとか、**「発明家」が多かったと思います。**今の時代は「発明」に関しては、当時ほどは変わった人はいなくて……あ、最近ランジャタイとかが出てきて今の時代にも発明家がいるなと思いましたけど……総じて技術力に優れたコンビが多い印象です。かまいたちとか和牛の時代に技術力がグワーッと上がってきました。**あのころは見て息苦しいぐらいの技術力の進歩があ**

昔の時代の漫才に感じる「今との違い」とリスペクト

った。これはもう若手の漫才じゃないよね、という感じです。

藤田　これも僕の持論なんですが、**今M-1に出ている10年、15年未満でやってる子たちっていうのはもともとお笑いがやりたくて、小さい時から漫才やりたい、M-1グランプリに出たいと意識してこの世界に入ってきていると思うんですよ。**ちょっと前の我々の世代っていうのは、他にやれることもないし、モテたいとか、お金持ちになりたいとか、人を笑わせるの得意だから、楽してお金もうけしようとか、そういう不埒な動機で芸人になってる人が多い。その違い、スタートラインが違う。

植田　もっと上の世代、たとえば横山やすし・西川きよしさんとか、僕もよく見ていた時代の紳助・竜介さんとか、ああいった方々の漫才というのは今の漫才とは明らかに「間」が違いますよね？　そのあたりはどうお考えですか？

大村　たしかに今の漫才とは間も違いますし、昔のほうがテンポも速い。今の時代に、ああしたテンポや間の漫才をそのままやったら、当時みたいにウケたかどうかは正直わからないと思います。でも、**あの時代だからウケた芸だったわけで、ああいった大先輩の話芸があったから、今の僕たちが「ああしたほうがいいんじゃないか」と日々研鑽を積んでいるわけです。どちらが良い悪いということではなく、時代に合わせて変化をしているということは言えると思います。**

植田　世代的にちょっと違うっていうことなんですね。

大村　野球と一緒で、昔の野球はヒットエンドランもバントもなくて、ひたすら剛速球を投げて全力で打ってという直球の野球をやっていた。そんな昔の野球と今の野球は違うということじゃないでしょうか。

植田　今はああいう時代のタイプの漫才師っていうのはいないですか？

大村　間は違うけど、ずっと同じテンポで「しゃべくり漫才」をやっているのは、さや香とかですかね。

植田　やっぱり私はあの時代の漫才に慣れているもので紳助さんの漫才が懐かしいです。トータルさんの漫才もわかりやすくて、中間の世代なのかなと。いや、今の若い人の漫才はわからないものも多くて……。

大村　**ヨネダ2000とか、不思議な芸を繰り出す若手も増えましたからね。**今の高齢者の方が見たら何が面白いのかさっぱりわからないものもあるでしょうね。

芸人から見た「お笑い」論

vol.3

WARAIMESHI

屁・お経・パンタグラフ見えた！「お笑いの正体」

「準決勝が得意だったんで、決勝に行けた」「9年連続決勝進出ということは8回優勝できてないだけ」

——謙虚な言葉とは対照的に、前人未到のM-1グランプリ9年連続ファイナリストからの優勝という実績は輝かしい。

笑い飯・哲夫は、究極の恥ずかしがりで目立ちたがりだからこそ、老若男女を笑わせることができるという。

なぜ人は笑うのか、なぜ人を笑わせたいのか？　シンプルで深い「お笑いの世界」の真髄。

PROFILE

1974年奈良県生まれ。M-1グランプリ9年連続ファイナリストにして2010年王者「笑い飯」メンバー(2000年結成)。ボケとツッコミが相互に入れ替わるW(ダブル)ボケ漫才が特徴。芸人活動のほか、相愛大学人文学部で客員教授を務めたり、「寺子屋　こやや」を経営したりするなど教育活動にも熱心。

TEXT｜西澤千央　PHOTO｜柏原力

哲夫

TETSUO

ネタのタイトルの文字数は少ない方がいい

芸人から見た「お笑い」論 vol.3

WARAIMESHI TETSUO

——笑い飯は9年連続でM-1決勝に進みました（2002～2010年）。哲夫さんの中で「万人が面白いと思うもの」は存在しますか?

哲夫　笑い飯の結成時、キャリアの最初のうちはネタを量産することが大事やったんですけど、**たくさんネタを作っているとき、ネタの題名の文字数が少ないほうが普遍的でおもろいなというのは思ってました。**

「蚊」とか「ハエ」とか「土」、「パン」……タイトルの文字数が少なければ少ないほど普遍的なものになる。**言葉というのは融合されることで新しさが生じてくると思うからです。**たとえば、「道の駅」だったら、「駅」に「道の」が足されて、新しい言葉になっている。そう考えると、僕の「面白い」の一番の原点は、タイトルにしたときの文字数の少なさになります。でも、今はもう、そんなこと言うてられへんくらいネタが尽きてきたので、最近は「ミシュランガイド」でネタを作りました（笑）。

文字数、言葉数が少ないと良いのは、老若男女にわかってもらえるところ。それは、普遍的なもの、一般的なものであるということです。**たとえば、特定のアニメや漫画を題材にしたりすると、そのファンにしか伝わらなかったりするじゃないですか。**僕は全世代の男女がわかってくれたらいいなと常に思っています。

——笑わせたいと思う人の幅が広いんですね。哲夫さんはもっと「わかる人にわかればいい」みたいなスタンスだと思っていたので、少し意外です。

哲夫　**若手の頃は雰囲気が尖っていたので意外に思われるかもしれませんが、年代も男女も問わず笑ろてほしいと思っています。**僕らが漫才を始めたときは、若い女の子にキャーキャー言われるのが人気のバロメーターでした。でも、男子高校生も笑わせたいし、もっといろんな年代の男女が来てくれたらええなとは思ってました。いっぱいの人に笑うてもろうたほうがいいじゃないですか。

——ノンスタ石田さんにインタビューしたとき、M-1の笑い飯さんは「あえて（多くのお客さんの理解できるところまで）下りてくる」と表現されていました。ベタなところまで下りてこられるから無敵だった、と。

哲夫　**ベタ、好きなんですよ。**昔から、ベタをちゃんと入れてくれる漫才師さんに大笑いしてました。自分もそんなん好きで、大事にしている部分です。**僕、今でも家でオナラしたら子どものせいにしてますからね（笑）。**「今、屁こいたな」「いや、お父ちゃんやん」って。子どもも上手にツッコみますね。こういうの、一番ベタなやりとりやなと思います。お笑いの基本ですね。

――笑い飯といえば、なんといっても哲夫さんと、相方の西田幸治さんが交互にボケをかましまくる「W（ダブル）ボケ」が有名です。あらためてWボケとは何だったのでしょうか？

哲夫　単純に二人ともボケたいというだけですよ（笑）。

僕の場合は、ボケもツッコミもしたいと思っていたので、笑い飯としてコンビを組む前から、前半は僕がツッコミして後半はボケるような漫才をよう作ってました。僕が異常なんやと思います。**僕はボケもツッコミも両方やりたいんですよ。だからMCをやってもボケながら仕切るMCをやってしまう、**欲張りなんです。仕切ってボケてツッコミもして……全部したい。なんというか、（サッカーの）リベロ（現在のセンターバックに該当。守備も自由に参加する）みたいな（笑）。リベロ井原（正巳）、もう古いですかね、「アジアの壁」（笑）。高校くらいから僕はようボケてたんですが、急にツッコミもしたくなって。それで（中田カウス・ボタンの）ボタン師匠のノリツッコミが面白かったので研究し始めたりして。

（相手のボケにいったん合わせて、その後ツッコむ）ノリツッコミに関しては、どれくらいの時間ノったほうが面白いのかとか、この人はこれくらいノってからツッコまはんなとか、よう研究していましたね。（オール阪神・巨人）阪神師匠はほんの少し「うん」って納得してから「なんでやねん！」ってツッコんでるなとかね。**やっぱり師匠方を見ていてもツッコミはテクニシャンが多いなと思います。**僕、10代のころからよく見て、まずはパクって練習してました。勝手にツッコミの技術は盗むもんやと思ってましたね。（ダウンタウンの）浜田（雅功）さんも中田カウス・ボタンさんの漫才などを見てツッコミを学んでいたと（島田）紳助さんがテレビで言ってたかな。

ボケに関しては、（吉本新喜劇の）花《はな》紀京《ききょう》さんがものすごい好きで。花紀さんのすっとぼけた感じというか、ボケてませんという顔をしながらボケるというのが面白くてね。あとは、ボケんでいいところでボケるんですよ。**普通に入ってくればいいところを障子を手で破って入**

ボケもツッコミも全部やりたい
普通のことを言う感じで狂ったことを言う

ってきたりとか、「なんでそこに手入れんねん、それせんでええやん」っていう。そんな花紀ファンでした。だからですかね、**笑い飯の漫才でも「普通のこと言うてます」といった感じで狂うたこと言うてるのが好きなんです。**花紀さんの影響もあって、そういう遊びは用意するようになりましたね。

——高校生の頃から芸人さんのテクニックに敏感だったと。芸人になろうと思ったのもそれくらいの時期でしたか。

哲夫　そうですね。高校生の頃からなりたいなとは思ってました。予備校時代にその食堂に（ダウンタウンの同期でもある）おかけんた・ゆうたさんがラジオ番組の収録に来はって。クイズ番組だったんですが、僕、出させてもろうたんです。**大喜利的に回答でボケさせてくれて、それをめちゃ料理して面白くしてくださったんです。**そのときにやっぱ芸人っていいなあって強く思いました。ただ、そのときは僕も家族も大学進学希望でしたので、とりあえず大学には行きました。

一方で学校の先生にもなりたかったんですよ。**芸人か先生かどっちかなという感じでした。**先生にもMC的なところがありますよね。ときどき、僕らのような芸人にも専門学校とかから「60分講義してください」といったオファーをいただくことがあるんですが、黒板にチョークで書きながら60～90分喋ってると、学校の先生はこれを1日6回やってんのかと。**1時間目から6時間目まで授業あったら、50分ライブを6ステ（ージ）やってることになりますから。先生ってやっぱ相当すごいなと思いますね。**もちろん学校の先生だから、毎年少しずつ「ありネタ」がたまってきますが、**せやけど6ステやってる感じだったらね、もっと先**

生ギャラ……給料上げてほしいですね（笑）。という感じで、先生になっても教室でMC的に立ち振る舞えたかもしれませんが、僕は究極の目立ちたがりだったので、テレビの前なら1億2000万人から観られるぞと。それで芸人の道を選びました。

——哲夫さんはNSC（芸人養成所）の講師も務めていますが、若い芸人さんの変化のようなものは何か感じますか？

哲夫　**みんなネタの中とかで「承認欲求」って言いたがってるかなって思いますね。**僕らが芸事やり始めたころは、そんな言葉を普段使わなかった気がしますが、最近は普通の漫才でもよく出てくるキーワードになっている。だから自分という存在を周りから認められたい人が増えちゃったのかなと。**以前であれば他人から認められんでもそのままやっていけばいいという感じだったと思いますが、個人単位で認められたい人が増えている。**でも、そもそも承認欲求ってなんでしょうね、会社に所属する自分のことを認めてほしいのか、それともその会社の商品を認めてほしいのか、どっちなんでしょう。僕らなんか自分自身はどうでもええし、大酒飲みでしょんべん漏らしてもネタだけはおもろい、そんなやっさん（横山やすし）の感じでいいと思っている。

でも（芸人も）最近はあんまり派手なことしたら危ないというのはありますよね。不倫できないとかね。今は仏教に詳しいとか、塾の経営をしているとかのイメージもあって僕の好感度は上がっていて、上がりすぎてもしんどいんで、不倫くらいさせてくれと言っているんですが（笑）。**せめてキャバ（クラ）ぐらいは行かせてやってと思ってます。**子どももちゃんと育ててますし、今日も保育園に送ってきましたし、いいパパやってるし、社会的な慈善活動もしているし、キャバぐらいは……ねえ（笑）。

――（笑）。仏教マニアとしても知られる哲夫さんとキャバクラの組み合わせも面白いですよね。ところで、仏教とお笑いに共通点のようなものを感じたりしますか？

哲夫　**僕が子どものときに感じたお経への興味の始まりは「リズム」だったんです。**電車も好きだったんですけど、パンタグラフとガタンゴトン（という音）のフェチだったんですね。**パンタグラフは架線との距離でどれだけひしゃげるかとか、地上やったらあんだけ高かったのが地下やったらぺちゃんこになるとか、あのひし形にすごいロマンを感じてました。**電車のガタンゴトンも、つなぎめが短かったらすぐガタンゴトンガタンゴトンいったとか、鉄橋やったらシャシャンシャシャンと音が変わるとか、ピアノのペダル踏んだような音が鳴るなとか。

電車の「パンタグラフ」の形と「ガタンゴトン」の音に萌えていた

芸人から見た「お笑い」論 vol.3

WARAIMESHI TETSUO

電車が鉄橋に入ったときの感じとお経が似てたんですよ。要するに、お坊さんがお経を上げにきたときに、きれいな声で息を吐きながらお経を読んでるんですが、人間やからどこかのタイミングで息を吸わなダメですよね。で、吸うてはるときは木魚でリズムを刻んでますけれど、そのとき声は発してないんです。なんですけど、その次どこから声を出しはるかと言ったら、吸うてた時間に言うべきところは言ったことにしてその次の言葉から言うてるんです。昔は何人かでお経を読むので、誰かが息を吸っているときは別の誰かが言っている感じだったみたいです。**「そこ言ったことにしてんねや」と。それがすごいかっこいいなと。最近、自己分析した結果、これが俺のルーツやなと思いました。**

僕、ほんまリズム好きなんですよね。音楽好きすぎて、自分が作ったものを人に聞かれるのは恥ずかしい、ダメなんです。だから永井佑一郎（アクセルホッパー）の「ポンポンスポポン」というリズムネタも、最初に見たときはなんて恥ずかしいネタをやってるんやって思ったんです。軽快なリズムなんやけど、自分で言うの恥ずいやんって。僕やったら絶対できない、カッコ良すぎて恥ずいという境地なんです（笑）。たとえるなら、風呂場でうまいこと歌うてて、風呂上がりにお母さんに「あんたうまいやん」ってバカにされて恥ずい——みたいな感じ。自分でリズム作ってテンポ良く口で奏でてるというの恥ずいんです。**だから「ポンポンスポポン」は見ただけでも恥ずかったです。あれ、ほんまおもろいんです。**

　でもねえ、難しいのは、僕は究極の恥ずかしがりであり究極の目立ちたがりなんですよ。だからこそ視野が広がったのかなと思います。ずっと最前列にいたら全体を見ることができない。恥ずかしがりで前に出れずに後ろから眺めてる時代が長かったので、いろんなところを見れるようになったのかなと。**恥ずかしがりの「恥」という漢字、いいなと思うんです。「耳」に「心」があって、耳に飛び込んでくるところにすごく恥ずかしい気持ちが生まれる。**何かの音を聞いたときに、このテンポかっこええねんけど、自分やったら恥ずくてできんなとか。

——漫才をやることに関しては、恥ずかしい気持ちはなかったですか？

哲夫　最初は恥ずかしかったんです。みんなの総意があるというか、それこそ普遍的というか、ベタなテーマのネタやったらそこまで恥ずかしくはなく演じられるんですが、**誰もやってないよなというようなネタをやるときは恥ずかったですよね。それでスベったら何倍にも恥ずいじゃないですか。**誰もやってないのに俺だけやって恥ずいなと思いながらやって、だけど、お客さんが笑ってくれたら笑い声が恥ずかしさをかき消してくれる。**だからウケなダメなんですよ。**

　人前で喋るにしても恥ずかしいねんけど、僕は目立ちたがりでもあるから、お笑いで人を笑かしたいという欲のほうが上回るし、大勢の前で人を笑かすために乗り越えていかなあかんことがある。その最初の壁が恥ずかしがりという部分でした。

　それでも、恥ずかしがりでよかったのは、人の細かいことを観察できたということですね。全部をお笑いの材料として見られるようになってきた気がします。**だから、普通に道を歩いている人でも、「あの人、もしかしたら、めっちゃ屁我慢してるんちゃうか」と思うことで、勝手におもろなりますやん。**そんな感じで、引っ込み思案の時期に勝手な想像ができるようになったかなと思いますね。想像力が人より長けてたんです。というのも、幼稚園の年長組からオナニーを覚えまして、すごい想像力を駆使してたんです。だからね、**芸人になってから男子中学生向けに官能小説を出版したりしたんですが、誤算だったのは男子中学生は本なんて読まなかった（笑）。**写真とか映像とかスマホとかで手っ取り早くコン

究極の恥ずかしがりだが、だからこそ、想像力が驚異的だった

テンツに辿り着けますからね。でも、手っ取り早いことを優先するようになったら想像力は確実に落ちるので、想像力を養うための橋渡しとなるような小説を書いてみたんです。嬉しかったのは「学生時代に読みました」という後輩らがたまにいるちゅうことですね。このエロ小説読んでたんやって。で、今はその子らのネタで笑かしてもろうてますから、いい循環やなと思います。結局、想像力を鍛えることによって、犯罪の抑止力にもなりますしね。こんなことしたら相手がどんな気持ちになるかを想像できるから、自分の中でやってはいけないと判断できる。**痴漢マニアというのはどうしてもいてると思うんですが、想像力が長けてないからやってしまうと思うんです。想像力豊かやったら、その行為の罪深さに気づくでしょう。**

　もちろん芸人はどんなことを言ったらお客さんが笑うだろうと考える。それも想像力です。ほんまに想像できてたら、笑かすことができる。そんなこと言いながら大外しすることもありますけどね（笑）。

しっかり笑いを取るには「階段を2歩下りる」

――さっきの話で哲夫さんは「ベタが好き」と言っていました。たとえば、ネタを作るとき、哲夫さんが「面白い」と思っていることと、お客さんが「面白がってくれるだろう」ということが違う場合、どっちを優先するとかありますか?

哲夫　何歩か下がろう、つまり自分が面白いと思う「独りよがり」ではなくて、お客さんが笑ってくれるところまで下りよう――ということはNSCなんかでも言うてるんです。一段下げたところからさらに2歩下がる、**「階段を2歩下りる」**という言い方をしています。僕も2歩下りたところからオーディションに受かるようになったんで。一人イベントやったら10持っていって10のまま提示することもありますけど、漫才やったら相方がツッコめなあかんし、僕と西田くんでは、究極的には好きなものや面白いと思うことにはちょっとズレがあるでしょうから、ツッコめなかったら意味がない。漫才やったら常に2歩は下りてると思います。

　1歩ではなく2歩というのが重要なんです。それくらい下りたほうがお客さんとの接点ができる。**正味の話、僕は「変」なんでね。変やから、みなさんとの接点ができるまで下りなあかんのです。**だって、お坊さんがお経を読んでて、息吸うときには声張らんで言うたことにして次の言葉から言うのが面白いとか、普通のお客さんとそんなとこに共通項ないでしょう（笑）。**漫才でも「電車のパンタグラフがね、地下に入るとぺったんこになんねん。だから、俺、地下の電車の運転手するからお前近くの駅のホームで待ってて」っていきなり言うてもお客さんわけわからないじゃないですか。**だから電車をネタに使うとしても、いろんな芸人がやってますけど、席を譲るネタとか、誰もが知っている設定にしないとダメなんです。

――「階段を2歩下りる」ことに抵抗はなかったですか?

哲夫　がむしゃらにやってて下りれないなという感じは昔はありました。でも、あるときコンクールみたいなんの1回戦で落とされたんですけど、その審査しはる名プロデューサーの方に「なんで俺らおもろいのに落ちたんですか?」って若気の至りで聞いてみたんです。そしたら**「自分らおもろいと思うてることとずっとやってんねやろ。一回おもろないネタ作ってみいや」**と言われたんです。度肝抜かれましたね。じゃあちょっとだけおもろないネタ作ってみようかなと思って作ってみたらオーディションに受かり出したんです。きっと、僕の特性を見抜いて言うてくれはったと思うんです。自分がおもろないと思うものを作っても、それがちょうどいいねんと。説明を加えたりしてわかりやすくしたり、ほんまにおもろないと思ったりしても、みんなからしたらおもろいんです。NSCの講師やるときはその言葉をパクって「2段下りや」「自分10段くらいにいるから8段くらいまで下りてみ」って言うてます。**伝わらんけどおもろいことやっている子によく言うてますね。君の特性はすごくおもろいねんけど伝わらんかったら意味ないからと。**

――テレビとの距離感はどう考えてますか?

哲夫　距離感? テレビを見るときは画面からどれくらい離れるかということですか……あぁ「テレビ出演をどう考える」という意味ですか（笑）。そりゃ、出まくりたいです。知名度ほしいですからね。僕はもうなんぼでも出たいです。「あれ観たで」「おもろかったで」って言われたいですやん。**でも、テレビで使いにくいと言われることがあります。もっとスキを見せないとねぇ（笑）。**ちょっとできてないような、ポンコツな感じというかね。

　僕は6足のわらじ（芸人・塾経営者・農家・仏教マニア・花火解説者・わらじ作り）を履いてるんで、僕に対するイメージもごちゃごちゃやと思うんです。ちょっと真面目な活動してても、ネタでおもろいことやってればそっちはそっち、ちゃんとアホはアホモードで笑ってもらえる。堅いことやってるときでも笑かし

ますんで。

あと、面白いのは、自分が好きなことを単体としてやっているだけなんですが、だんだん全部がつながってくるんです。お笑いでネタ作るとなったら、農業のときに土をいじってるときの虫でネタができるかなとか。子どもに何かを教えてて、おもろい間違え方したら、それがお笑いのネタになるかもしれない。仏教にも全部がつながっているという「因縁」という言葉がありますし、仏教で答え合わせができますね。仏教のお坊さんの法話のおもろいのから落語もできてますし、結局全部つながっているんです。

――あらためて伺います。哲夫さんは、お笑いの本質といいますか、みんなが共通して「面白いと思うもの」はあると思いますか？

哲夫　さっきもちょっと触れましたけど、「屁」ってすごいなと思うんです。絶対に笑うんです、おもろいんです。音の高低とか長さとか、いろいろありますからね。昔、ドリフでも屁を使ったコントで大笑いしてました。屁が止まらんくて、どんだけこくねんというコント。めちゃくちゃ笑いましたし、うちの子どもは女の子も男の子も屁は大笑いします。**屁みたいなことが、「笑いの本質」じゃないですかね（笑）。**物体じゃない、気体が出てくるところですよね。**物体を期待してトイレに入ったのに、期待していない気体が出てくる感じです。**

芸人から見た「お笑い」論
vol.3
WARAIMESHI
TETSUO

昔から意味のないことが好きでした。ご飯の話をしていたのに、そこでファミコンの話をして「意味ないやん」と言ってもそんなにおもろない。ご飯の話して「意味ないやん」ってツッコむにはちょっとだけ逸れるくらいがいいんですよね。めっちゃ逸れたらダメ、絶妙な逸れ方。屁というのは絶妙なズレを出している気がしますね。

ズレや逸れは笑いにとって大事な気がします。たとえば、小学校2年生のときにひいおばあちゃんのお葬式があって、曹洞宗のお葬式でシンバルに似た「鐃《にょう》鈸」をジャンジャン鳴らしはるんですけど、人が亡くなってるから絶対笑ろたらあかんねんけど、その様子がもうおもろうて。「そんな派手にしたらあかんやん」って自分の脳内ツッコミが始まってね。

それで言うと、僕は「ごっつええ感じ」の「お見舞い」のコントが大好きなんです。松本（人志）さんが、入院患者役の浜田さんの病室に入って行く。「今日は世界1位の人がお見舞いに来てくれる」とか言って、浜田さんが「あ、1位の人だ」と。松本さんが「いやあ、今年は3位になりかけたよ」とかやりとりするんですが、何の1位か一切言わないんです。ほんまに腹痛いくらい笑いましたね。僕の頭の中に「何のやねん!」はあるんですけど、それをコントの中で浜田さんが「何のやねん」でツッコミしすぎたらあんまおもろないと思うんです。昔はああいうツッコミのない「ケチコント」が多かったんです。**視聴者と一緒に作ってる感じがあったから、あそこまでの大笑いになれたのかなと思いますね。**

――「お笑いは科学の力で完全に解明できるか」が本書の重要なテーマです。つまりお笑いや漫才の芸を科学的に分析できたら、そのエッセンスを一般人に移植して、素人でも、プロの笑いを再現できるかという問いを立てています。スポーツの世界では、そういった再現性の研究分析が進んでいます。

哲夫さんはお笑いには再現性があると思いますか?

哲夫　**野球とかスポーツよりフォーマットがきっちり決まっていないような気はします。センターマイクさえ立っていれば漫才になりますから。**ただ、笑いを研究しすぎると……お笑いや芸事についてあまりにも熱心に考え続けたために、メンタルを崩されたり、お亡くなりになったりした芸人の方もおられたので、**やはり芸事には深淵の闇のようなものがあるのかなと。**笑いを深く研究するというのは、内に内に考えすぎてしまう要因になるんかなという感じもします。**僕だって、ずっとお笑いだけ考えてるわけじゃないです。エロいことも農業のことも考えてます。そろそろ、あの苗を植えなあかんとかね。**

今はAIの時代と言われて……先日、東大がChatGPTが裁判官を務める模擬裁判をやってましたけど、これまでの判例のデータをインプットして割とまともな判決を下したとのことでした。漫才と裁判の類似点を考えてみますと、やっぱり言葉のああだこうだというやりとり、そこを考えてみたら、**AIに漫才の審査員的なことができそうというのは、もしかしたらあるのかもしれません。ただ僕はAIに審査されるのは絶対嫌ですけど（笑）。**絶対人間がええな。そもそも、審査って正解がないんですよね。お笑いって、あるネタを好きな人もいればそうじゃない人もいる。それくらいのもんなんです。好みのあるものに点数つけるのは難しいじゃないですか。音楽だって絵画だって良い悪いを決めるのは難しいですよね。

AIがプロの漫才を作ったり演じたりするような再現性が実現するのはまだ先かもしれませんが、**「お笑いの教材」を何歳でもらうかということが大事かもしれません。**体とか頭の回転とか特性が人によってまちまちですし、どういう人材にそれを乗っけるかということでしょうね。

笑いの本質は「屁」にあり!?

お笑いファンのビッグデータからM-1勝者を事前に予測できるか？

浅谷公威
Asatani Kimitaka

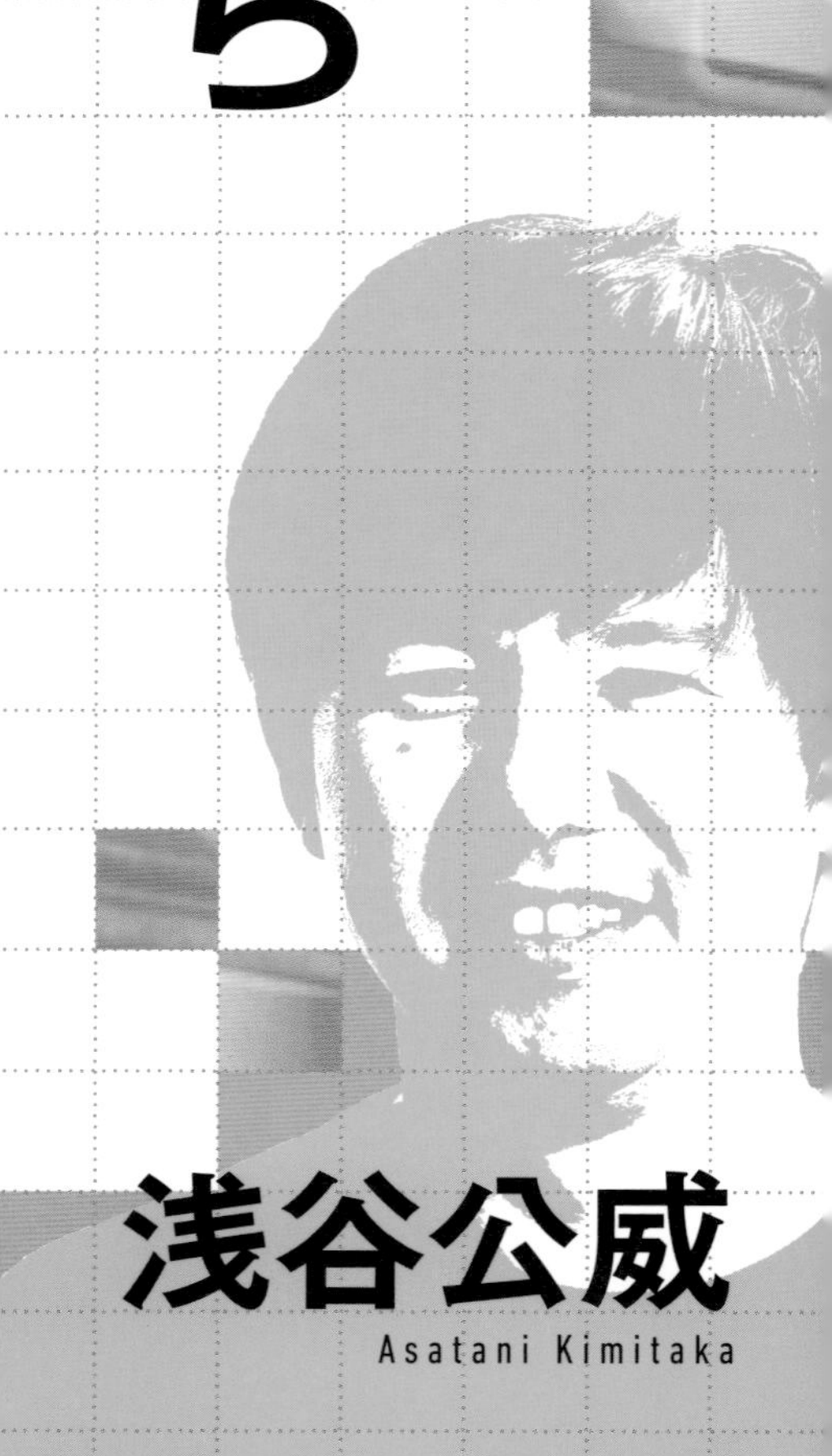

私の専門は、計算社会科学や複雑ネットワークです。

普段どういう研究をしているかというと、たとえば、大量の医学系の論文データから、ノーベル生理学・医学賞を受賞しそうな研究を予測する、なんてことをやっています。

今回、吉本興業から「M-1グランプリ」をテーマに研究してほしいという依頼を受け、これはもう、私としてはデータを使ってM-1の勝者を事前に予測するしかない！　と考えました（笑）。

「心」を持っていないコンピュータには面白い芸人を見分けることはできませんが、お笑いファンに人気がある芸人は、データを用いればある程度評価することができます。**人々に人気があるお笑い芸人は、基本的には面白いから人気があるわけで、M-1で優勝する可能性も高いと言えるでしょう。**

というわけで、さっそくデータを集めることにしました。

まず、ツイッターのデータからM-1の勝者を予測してみようと考えました。

実際に使ったのは、**「ルミネtheよしもと」の公式ツイッターアカウントの「い**

図1

2021年1月から12月までの数百回の公演で各芸人の人気を推測。TrueSkill（Microsoft）を使用し、出演した120人の芸人をランク付け

分析1　ツイッターの「いいね」からM-1勝者を予測してみる

OWARAI × SCIENCE PART3

Twitterデータによる お笑い芸人貢献度ランキング

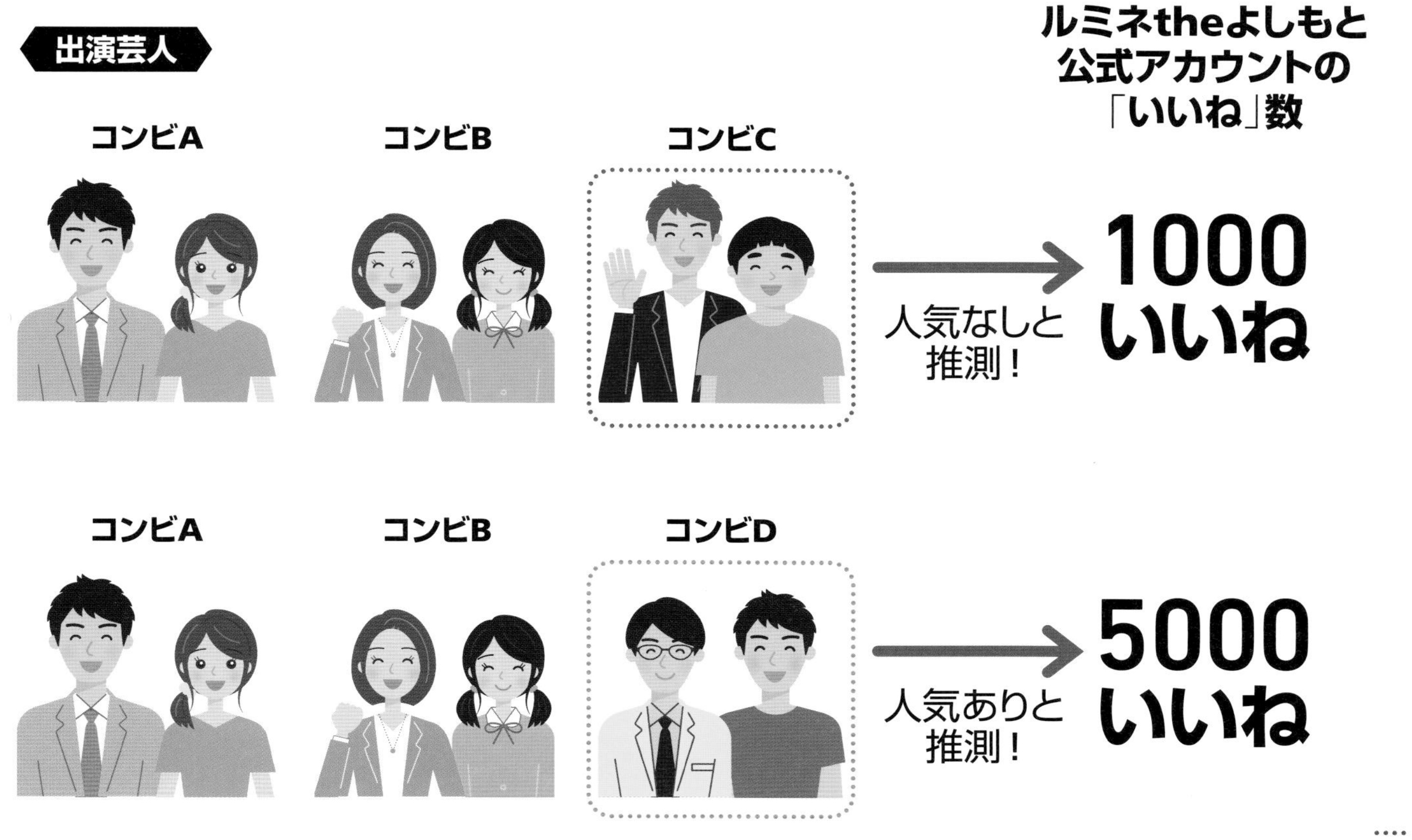

いね」数です。2021年1月から12月まで、数百回ほどあった公演の告知ツイートのデータを収集し、それぞれの公演に出演する芸人さんの、ツイートについた「いいね」への貢献度を推定することで、「芸人の人気」を出してみました。

　具体的にどのように貢献度を推定するか、簡単な例で説明しましょう。

　たとえば「コンビA、コンビB、そしてコンビCが出演していた公演」と、同じく「コンビA、コンビB、そしてコンビDが出演している公演」の2つがあったとしましょう（**図1**）。図のように、コンビCかコンビDかだけ出演者が違う組み合わせで、2つの告知ツイートの「いいね」数に4000の差（コンビCが1000いいね、コンビDが5000いいね）が見られた場合、**その差の4000「いいね」分の人気は、コンビDがもたらしたものと考えられます。**

　このようにして、個別の芸人の「いいね」への貢献度を割り出すことで、**芸人の人気を数値で推測することができます。**

　もちろん実際は、こんなに単純に貢献度を算出できる組み合わせで公演が行われているわけではありません。そこでコンピュータの出番となります。今回は、ゲームのプレイヤーのスキルを判別してランキングを作るために使われていた、マイクロソフト社のTrueSkillという評価システムを用いて、個々の芸人の「いいね」への貢献度を判別しました。出演芸人のデータを入力した際に、どれくらいの「いいね」がつくかを予測する（アルゴリズムをコンピュータを用いて作成する）ことができます。この「**予測レート**」と呼ばれる数値を、芸人の人気を反映した指標と解釈して、M-1の勝者予測に用いていくわけです。

　この、1人1人の貢献度を評価する難しさは、漫才の公演に独特の特徴と言えます。音楽のコンサートであれば、単独のライブが多いですし、複数の方が出る場合でも前座が誰でメインが誰かといった出演者の位置付けが比較的はっきりしています。**しかし、よしもとの劇場の公演では、同格のポジションにある芸人さんが複数同時に出演していて、これが評価の難しさにつながっています。**

　ともあれ、「算出した予測レートはそのまま芸人の人気を表す」という仮説を立てているので、**レートが大きい人ほど芸が面白く、M-1での優勝確率も高い**

と仮定できます。そこで、推測した予測レートが高い順に芸人さんを並べたランキングを作成したうえで、**2021年のM-1の結果と照らし合わせてみました。**

ところが、残念なことに、2021年のM-1で決勝に進出した方々が必ずしも順位が高くはないという結果が出ました。つまり、**うまく結果を予測できなかったのです。**

表1は**「予測レート」**列の数値が、芸人さんの人気（推測）を、**「M-1結果」列**が、2021年の各芸人さんのM-1の結果を、1回戦敗退は「1」、決勝進出は「6」として得点化したものです。**表1**を見ると、**ゆにばーすさん**や**インディアンスさん**の予測レートが、実際には決勝に進出しているにもかかわらず低い値になってしまっています。**「予測レート」＝「芸人さんの面白さ」という仮説が正しくなかった可能性があります。**

なぜこの方法ではうまく予測できなかったのか、考えてみたところ、もしかすると、**ツイッターで「いいね」をつける人の中に、M-1の審査員とは違った基準で芸人を評価する方が多いのではないかと思いつきました。**それを確かめるためには、ツイッターのユーザーをいくつかの層に分けて、「いいね」への貢献度の予測をやり直してみる必要があります。

まずは、プロフィール欄に「お笑い芸人が好き」「お笑い大好き」などと書いている、**コアなお笑いファンと思われる人のアカウントのみに分析対象を絞って、**再び予測レートを算出してみました。コアなファンなら目利きなので、M-1で優勝するような真に実力のある芸人が出演する公演のツイートに「いいね」をつけるのではないかと考えたわけです。

表1

芸人	予測レート	M-1結果
アインシュタイン	27.85	5
オズワルド	12.21	6
ロングコートダディ	8.93	6
アイロンヘッド	6.75	3
ニッポンの社長	1.86	4
アキナ	1.47	4
ニューヨーク	0.21	5
すゑひろがりず	-1.37	4
ミキ	-1.83	4
男性ブランコ	-2.04	5
見取り図	-3.24	5
ななまがり	-3.51	4
ゆにばーす	-5.13	6
コマンダンテ	-5.36	4
尼神インター	-5.77	3
蛙亭	-8.76	4
コットン	-9.21	4
トット	-9.93	4
インディアンス	-13.28	6
GAG	-14.29	4
吉田たち	-16.98	4
コロコロチキチキペッパーズ	-19.06	3
デルマパンゲ	-19.63	4
⋮	⋮	⋮

Twitterデータによる お笑い芸人 貢献度ランキング

2021年3月から2022年1月までの「いいね」数
芸名・活動歴などは当時（以下同）

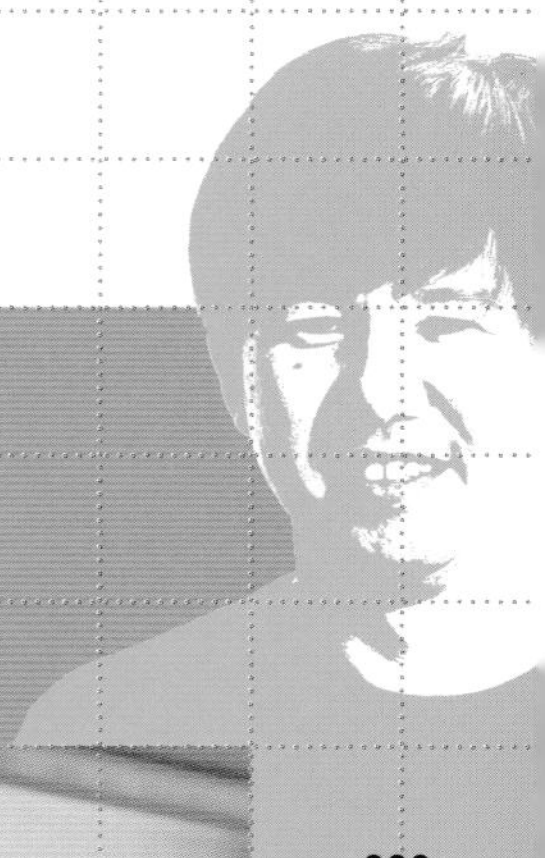

ところが……結果はむしろ、最初の予測より悪化してしまったのです。

そこで今度は、コアなお笑いファンのアカウントは除いて、同様にランキングを作成してみました。すると、最初の分析よりもM-1の結果をより正確に予測することができました。その結果が**表2**です。ある種の**「一般人ウケ」**を推定したこちらのランキングでは、ゆにばーすやインディアンスが上位に上がってきて、実際のM-1の結果と近い順位になりました。逆の言い方をすれば、最初の分析で入れていたコアなお笑いファンの評価がゆにばーすやインディアンスの順位を下げていたわけです。

ともあれ、この分析から、**コアなファン層より、一般のファン層の反応の方が、M-1の結果との関係が反映しやすいことが分かります。**

どうしてこのようなことが起きるのでしょうか。あり得る一つの解釈としては、**コアなお笑いファンの方は、お笑い全般が好きなため、**まだそこまで実力をつけていない芸人さんに「いいね」をつけたり、ほとんどの公演告知ツイートに「いいね」をつけたりして、**誰が面白い芸人かをそのデータから判別することが難しい可能性があります。**一方で、一般のお笑いファンは、たまたまテレビで見て面白かった芸人が出演する公演のツイートだけに「いいね」をつけるなど、より「芸」そのものへの評価を表しているのかもしれません。皆さんご承知のとおり、**M-1はガチの闘いで、評価されるのは「芸」そのものなので、一般ファン層の「いいね」の方が、M-1の結果をより良く予測できるのでは、という仮説です。**

しかし、この一般ファン層のみに絞った予測でも、ツイッターの「いいね」のデータだけでは、**精度の高いM-1の結果を予測することはできませんでした。**背景には、やはり「いいね」の持つ意味が人によってバラバラだという問題があります。本当にその公演を見たいと思って「いいね」する人もいれば、とりあえずタイムラインに流れてきたから、なんとなく「いいね」する人もいるわけで、「いいね」を押したか押してないかというデータだけではそこまで判別できません。こうした**「いいね」の意味のバラつき**が、予測がうまくいかない根本的な原因だったと考えました。

そこで、より直接的に、バラつきのない形で、お笑いファンの方々の芸人への評価を測れるデータが必要だと考えました。

表2

芸人	予測レート	M-1結果
アインシュタイン	38.34	5
インディアンス	5.99	6
オズワルド	4.21	6
ゆにばーす	3.94	6
ミキ	3.84	4
アイロンヘッド	2.99	3
GAG	2.22	4
ニューヨーク	1.86	5
男性ブランコ	1.52	5
見取り図	-0.05	5
すゑひろがりず	-0.14	4
コマンダンテ	-0.29	4
尼神インター	-0.38	3
ニッポンの社長	-1.14	4
吉田たち	-1.41	4
アキナ	-2.18	4
ななまがり	-2.24	4
コットン	-3.92	4
コロコロチキチキペッパーズ	-7.55	3
トット	-17.92	4
⋮	⋮	⋮

コアなお笑いファンのアカウントを除く（プロフィールより判断） → 一般ファン層の反応を観察することで正しいランキングに

分析2 劇場チケット販売数から、M-1勝者を予測してみる

ツイッターの「いいね」数よりも直接的に芸人の人気を測ることができる指標は何かと考えたときに、思い浮かんだのは**よしもとの各劇場での公演のチケット販売数**でした。

吉本興業から実際の劇場のチケット販売数データを提供してもらい、このデータを使って、ツイッターのときと同様の分析を行うことにしました。先ほどはツイッターの「いいね」数だった芸人の人気の指標を、今度はチケットの販売数に置き換えたわけです（**図2**）。

「いいね」は誰でも気軽につけることができますが、**チケットはお笑いファンがお金を出して買っているわけで、より正確に芸人の人気を反映していると期待できます。**

この分析では、月ごと、各劇場ごとに、出演者とチケットの販売数から、各芸人のチケット販売数への貢献度を示す予測レートを推定しました。なぜ月ごとに分析をしたかというと、どの時期の芸人さんの人気がM-1グランプリの優勝確率と関係があるのかを知りたかったからです。つまり、M-1の直前の時期のデータが結果をよく予測するのか、あるいは少し離れた月の方が良いのかに興味がありました。とりわけ、M-1はビッグイベントなので、あまり直前だと「この人にM-1で勝ってほしい」と思った芸人のところに通い詰める人が出てくるなど、**芸そのものへの評価をチケット販売数が反映しなくなるのではという仮説を立てたわけです。**そのため、どの月のチケット販売数が、もっともよくM-1の結果を予測するのかを明らかにすることも分析の一つの目的になります。

一方、劇場ごとに分けて分析することで、**どの劇場のチケット販売数が一番M-1の結果と関係しているかも明らかにすることができます。**

例として、2021年6月の各劇場のチケット販売数から算出した予測レートのランキングを、その年の年末のM-1の結果と照らし合わせたものを、**表3**に示します。

これを見ると、**「ルミネtheよしもと」**のチケット販売数から算出した予測レー

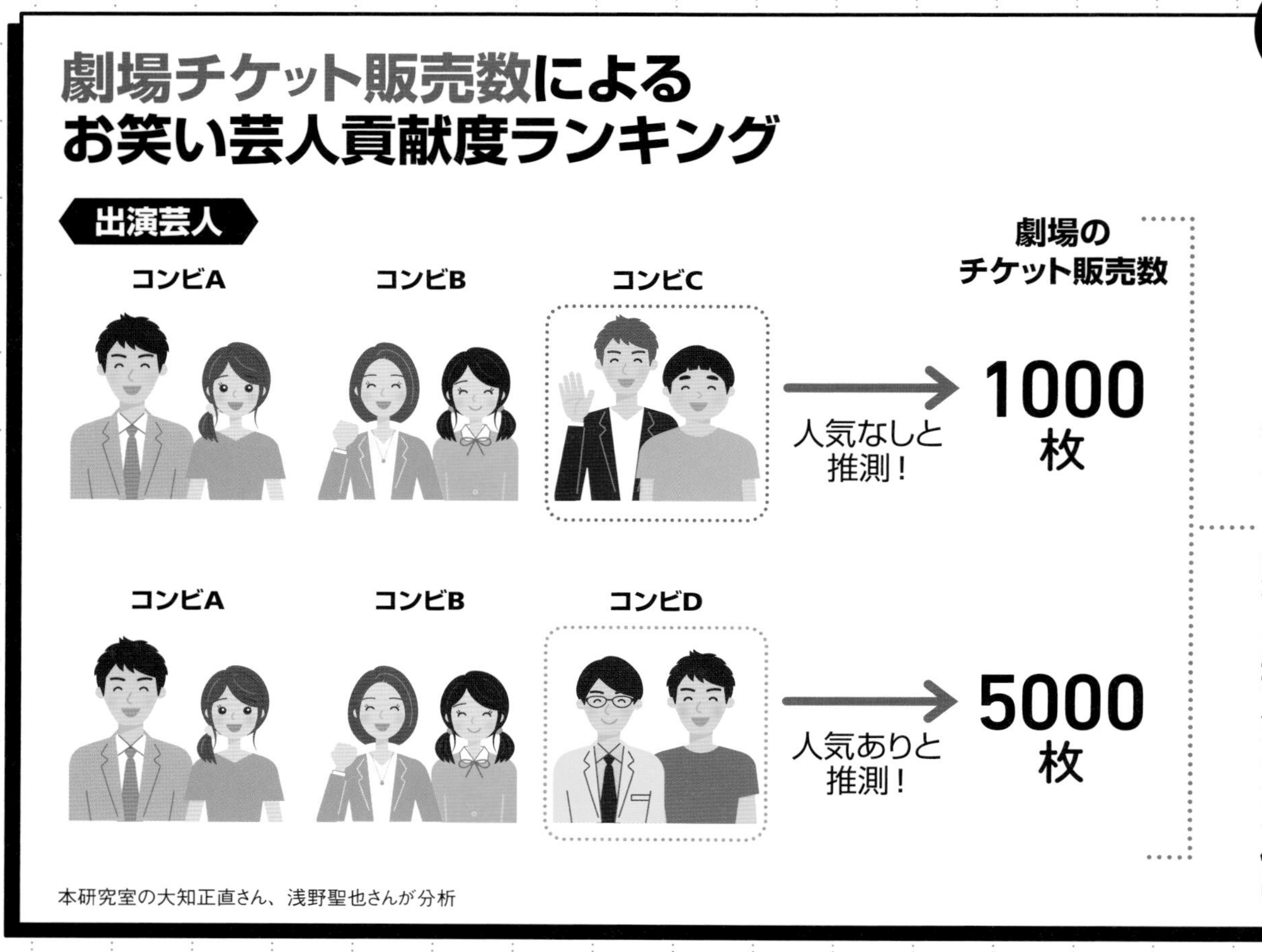

本研究室の大知正直さん、浅野聖也さんが分析

図2 ルミネtheよしもと、よしもと漫才劇場、神保町よしもと漫才劇場のチケット販売数を入手。TrueSkill（Microsoft）を使用し、出演した芸人をランク付け

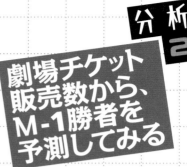

トは、レートが大きい方ほどM-1でも最後まで勝ち上がっており、M-1の結果をよく予測できています。一方、大阪にある**「よしもと漫才劇場」**のデータから算出した予測レートのランキングでは、上位に挙がっている方でも3回戦や4回戦で敗退しており、逆に5回戦に進出した人が下位にきているなど、あま**りM-1の結果をうまく予測できていません。**

これらの予測レートの違いは、関東にあるルミネでの芸人の人気度と、関西の「よしもと漫才劇場」での芸人の人気の違いを表しているわけで、関東と関西の笑いのセンスの違いを表しているのかもしれません。あるいは各劇場に足を運ぶファン層が違う点（年齢や好みなど）を示している可能性もあります。

なお、**「神保町よしもと漫才劇場」**のデータは、予測レートが大きい方ほどM-1でも勝ち進んでいる傾向があり、逆に予測レートが小さい方はM-1で早期に敗退しているので、比較的M-1の結果を予測できており、ある程度参考になります。**あくまで仮説ですが、M-1の評価基準はどちらかといえば関西の笑いよりも関東の笑いとセンスが近いと言えるかもしれません。**

同様の予測レートを、今度は各月のチケット販売数から算出して、それぞれについて予測レートの大きい順に芸人のラ

表3 劇場の入場者数で予測（2021年6月） vs. M-1結果（2021年12月）

ルミネtheよしもと

芸人	予測レート	M-1結果
ゆにばーす	9.30	6
インディアンス	8.56	6
アインシュタイン	7.70	5
コマンダンテ	5.92	4
ミキ	5.04	4
すゑひろがりず	4.42	4
ぼる塾	3.86	3
オズワルド	2.37	6
アイロンヘッド	1.46	3
コットン	1.38	4
シマッシュレコード	0.54	2
井下好井	-0.02	3
トット	-0.56	4
コロコロチキチキペッパーズ	-0.90	3
ニッポンの社長	-2.18	4
尼神インター	-3.46	3
かたつむり	-6.74	2
ななまがり	-7.81	4
アキナ	-7.81	4
⋮	⋮	⋮

よしもと漫才劇場

芸人	予測レート	M-1結果
マルセイユ	5.49	4
フースーヤ	4.66	4
ちからこぶ	3.73	3
マーメイド	3.39	3
ドーナツ・ピーナツ	3.00	4
ファンファーレと熱狂	2.75	2
天才ピアニスト	2.75	3
イチオク	2.54	4
戦士	2.33	3
祇園	2.31	4
紅しょうが	2.18	3
からし蓮根	2.18	5
ラフ次元	2.18	4
ヘンダーソン	2.18	5
黒帯	2.18	4
ラニーノーズ	2.18	3
フミ	1.67	3
爛々	1.56	3
カベポスター	1.46	5
丸亀じゃんご	1.44	4
マユリカ	1.35	5
チェリー大作戦	0.93	4
ニッポンの社長	0.24	4
ときヲりぴーと	0.20	2
きんめ鯛	0.20	3
プードル	0.14	3
ハイツ友の会	-0.11	4
滝音	-0.11	5
ラングレン	-0.21	2
隣人	-0.66	4
⋮	⋮	⋮

神保町よしもと漫才劇場

芸人	予測レート	M-1結果
ナイチンゲールダンス	14.54	4
アケガラス	13.01	2
ぼる塾	10.89	3
スーパーサイズ・ミー	10.78	2
令和ロマン	9.30	4
ネイチャーバーガー	9.14	4
軟水	9.02	4
衝撃デリバリー	8.24	3
オダウエダ	7.77	3
ナミダバシ	7.67	4
ブラゴーリ	7.51	4
素敵じゃないか	6.73	4
おとうふ	6.48	2
サンタモニカ	6.07	2
まんぷくユナイテッド	5.48	2
ピュート	5.45	3
マスターナンバー	5.26	1
ミカボ	4.83	2
放課後ハートビート	4.79	2
ブルーレディ	4.73	2
ラタタッタ	4.66	2
べんがるとら	4.64	1
小虎	4.29	1
めぞん	4.10	2
純白パリジェンヌ	3.86	1
アカシア	3.67	2
オドるキネマ	2.89	3
インテイク	2.80	3
エバース	2.67	3
オフローズ	2.41	2
⋮	⋮	⋮

ンキングを作成しました。**どの月のどの劇場のチケット販売数がもっともよくM-1の結果を予測できているか**、つまり予測レートのランキングとM-1の結果がもっとも一致しているのはどの月のどの劇場か、2つの順位がどれだけ一致しているかを測る**順位相関係数**を計算し、比較しました。この相関係数が大きいほど、うまく予測ができていると言えます。

順位相関係数が高い順にデータの月・劇場の組み合わせを並べたのが**表4**です。結果、一番相関係数が高く、2021年のM-1の結果をもっともよく予測できていたのは、**2021年6月の「ルミネtheよしもと」のチケット販売数**だと分かりました。つまり、**データのうえでは、6月のルミネでの芸人の人気がその年のM-1の結果を予測するカギと考えられたのです。**

ルミネのデータがもっともM-1の結果を予測できている理由は、詳細は分かりませんが、たとえば、ルミネには、ふらっと立ち寄ったり興味本位で訪れたりするお客さんが多く、チケット売り上げのデータが芸そのものへの評価を反映している、といったことが考えられます。ツイッターの分析で、コアなファンより一般のファンの「いいね」の方が、よりM-1の結果を予測できていたのと同じ原理です。

では、なぜ6月がカギなのか、というのは難しいところで、今のところは「**なぜか、そうなんです**」としか言えません。表4の2位以降は11月や12月のデータが並んでいるので、M-1直前の芸人のチケット販売数への貢献度もある程度M-1の結果を予測できることが分かります。では、なぜここでM-1が開催される半年も前の、6月のデータがもっとも予測精度が高いのか——この謎は、今後解くべき課題と言えるでしょう。

「なぜ」という、この「**6月の謎**」はひとまず置いておいて、2022年のM-1の勝者をもっとも精度高く予測すると考えられる、2022年6月のチケット販売数のデータから出した予測レートのランキングが、**表5**となります。

もっとも予測精度が高かったルミネのチケット販売数を基に予測した、この表をご覧ください。**2022年のM-1グランプリでもっとも優勝確率が高いのは、オズワルドさんでした!**

研究の過程では、一般のファン層の反応が優勝者の予測においては重要?と思われる結果が出たのは非常に興味深かったです。今後、マーケティングにも活かせる知見だと思います。

また、今回はそこまで調べられませんでしたが、M-1の結果をかなり正確に予測する「目利きのファン」も存在するはずです。そういう方々を特定して、その予測がどれだけ当たっているのかというのも、今後研究していきたいなと思います。

ただ、最後に言っておきたいのは、**「ランキングはあくまでランキング」にすぎず、人間の恣意的な判断の産物であるということです。**今回の分析では、劇場チケットの販売数から個々の芸人のチケット売り上げへの貢献度をアルゴリズムを用いて算出し、貢献度が高い順にランキングを作成、このランキングがM-1の優勝確率が高い順に並んでいると解釈して、M-1での優勝確率を予測しました。しかし、**同じ対象についてのランキングでも、作成の基準が違えば、順位が大きく変動することがあります。**

たとえば、2022年はサッカーのワールドカップが盛り上がりましたが、FIFAが作成している世界ランキングだと当時の1位はブラジルでした。一方で、1872年に初めて行われたスコットランドとイングランドの国際試合にまで遡って、そこから勝ったチームをチャンピオンのタイトルホルダーとして、チャンピオンチームに勝ったチームが新たなチャンピオンになるという「ボクシング方式」でランキングをつけていくと、**2011年末のランキング1位は北朝鮮になります。**これは「**非公式サッカー世界王者**」と呼ばれる、一部のサッカーファンが非公式に作成している有名なランキングなのですが、北朝鮮が日本やブラジルよりも格上というのは我々のイメージとはちょっと違いますよね。このように、ランキングがどのようなものになるかは、**どのような基準を採用するかによって揺れ動くものなので、そのランキングが示す本質が何なのかには注意しなければなりません。**

今回の場合、M-1グランプリの結果というある種のランキングを予測する目的だったので、芸人のチケット売り上げへの貢献度（あるいはツイートにつく「いいね」への貢献度）のランキングを作り、予測を行うというのは、ある程度目的に適った方法だと言えます。しかし、ランキングという営為自体は慎重に扱うべきだということは、ここで強調しておきたいと思います。

表4 どの月のどの劇場が予測精度が高いか

	月・劇場	相関係数
1位	6月・ルミネ	0.53
2位	12月・ルミネ	0.507
3位	11月・神保町	0.469
4位	11月・ルミネ	0.448
5位	12月・神保町	0.433

表5 2022年6月の劇場の入場者数によるM-1グランプリ予測

ルミネtheよしもと

芸人	予測レート	M-1結果
オズワルド	**13.26**	**6**
インポッシブル	11.75	−
博多	11.28	−
相席スタート	9.98	−
とろサーモン	9.96	−
アインシュタイン	9.58	5
インディアンス	8.73	6
コロコロチキチキペッパーズ	8.52	3
タカアンドトシ	8.42	−
囲碁将棋	8.29	−
ゆにばーす	8.18	6
木村祐一	7.88	−
ケンドーコバヤシ	7.66	−
宮川大輔	7.66	−
蛍原徹	7.66	−
ガクテンソク	7.57	−
ななまがり	7.04	4
マヂカルラブリー	6.63	−
コマンダンテ	6.17	4
⋮	⋮	⋮

よしもと漫才劇場

芸人	予測レート	M-1結果
コウテイ	20.03	−
隣人	18.04	4
なにわスワンキーズ	17.38	4
ニゲルベ	11.57	4
kento fukaya	11.36	−
20世紀	10.30	3
ポートワシントン	10.25	3
紅しょうが	8.85	3
ニッポンの社長	8.68	4
ネイビーズアフロ	8.68	3
さや香	8.53	5
もも	7.51	6
カベポスター	6.73	5
マユリカ	6.60	5
金属バット	2.99	5
令和喜多みな実	2.34	4
ツートライブ	1.85	4
白桃ピーチよぴぴ	0.63	−
マルセイユ	0.52	4
ガチャガチャ	0.36	−
茜250cc	0.36	−
span!	1.35	−
エジソン	0.36	2
マグリット	0.36	2
ラビットラ	0.36	2
武者武者	0.36	3
濱田祐太郎	0.36	−
シカゴ実業	0.28	3
からし蓮根	0.17	5
スーズ	0.07	3
⋮	⋮	⋮

神保町よしもと漫才劇場

芸人	予測レート	M-1結果
ゴヤ	6.92	2
ナイチンゲールダンス	6.17	4
ブラゴーリ	5.39	4
ミカボ	4.77	2
インテイク	4.67	3
金魚番長	4.66	4
10億円	4.19	−
小虎	3.72	1
バチョフ	3.36	−
アケガラス	3.11	2
エルフ	3.05	4
風の日	3.00	2
ネイチャーバーガー	6.48	4
オダウエダ	2.96	3
兎わさび	2.96	2
そいそ～す	2.93	2
デニス	2.38	4
スーパーサイズ・ミー	2.38	2
バイバイスプリット	2.04	2
プリズンクイズチャンネル	1.87	2
めぞん	1.81	2
サンタモニカ	1.74	2
エバース	1.63	3
ネルソンズ	1.58	−
ダンビラムーチョ	1.58	4
色彩わんだー	1.57	1
コウテイ	1.38	−
ブルーレディ	1.38	2
太鵬	1.38	−
⋮	⋮	⋮

PROFILE

浅谷公威 あさたに・きみたか

1984年生まれ。2015年東京大学工学系研究科・システム創成学専攻・博士課程を修了。博士(工学)。2021年より同大学工学系研究科特任講師。専門は複雑ネットワーク、計算社会科学。集団が知識を共有し発展するプロセスの解明に向けて、大規模な学術論文データや、ツイッターの情報拡散、企業の取引ネットワークなどの分析を行っている。

協力
大知正直(東京大学工学系研究科特任研究員)
浅野聖也(東京大学工学系研究坂田研究室)

補講

オズワルド

科学ではとらえきれない「魔物」がM-1には存在するのか？

「先生！　俺たちが優勝するんじゃなかったのかよ？」。補講は、伊藤の絶叫から始まった――。東大・浅谷公威特任講師らによって「2022年のM-1優勝はオズワルド」と予測されたが、結果は決勝7位。「それほど悪い予測ではなかった」と浅谷氏は弁明するのだが――。

オズワルド

東京NSC17期出身の畠中悠と伊藤俊介によって2014年に結成された超人気コンビ。M-1グランプリで2019〜2022年の4年連続でファイナリストに選出。コント漫才が増えている中、正統派漫才を得意とする。YouTubeチャンネル「オズワルドのおずWORLD」ではネタや畠中のオリジナル曲などを配信中。

OZW

TEXT｜編集部　PHOTO｜森清

伊藤　（いきなり）話がちげーじゃねーか！

（オレたちがM－1グランプリ）優勝するんじゃなかったのかよ。

浅谷　いえ、あの、敗者復活戦（通過）まではうまく予想できたんですけど。そこまでは僕らの予測が当たっていたかなと。でも、決勝では、さらにいろんな要素が入ってくるので……。

伊藤　でも、それもすべて込み《コミ》で「オズワルド優勝」だったんじゃなかったんですか？

畠中　なるほど。（フォローするように）決勝では、たしかに「登場する順番」とか、いろいろな要素がありますものね。

伊藤　だ・か・ら、そういうのもコミで予測してくれたんでしょ？

畠中　あー伊藤は学歴低いからエキサイトしちゃって。どうもすみませんね。

伊藤　お前が言うなよ。

浅谷　こんな怒られたの初めてです（苦笑）。すみませんすみません。

伊藤　もうブチ切れですよ。大恥かかされましたし。

畠中　**まあ、東大の先生が科学の力で予測しようとしても予測が外れるぐらい、M－1勝者の予測は難しいことなんだ、**ってことでいいんじゃない？

浅谷　そうなんです。登場の順番もあるし、会場の雰囲気みたいなものも毎年微

「話がちげーじゃねーか」あまりにも劇的な補講の幕開け――

妙に違うし、過去のデータからの予測が必ずしも100パーセント当たるわけではないんです。

伊藤　そのへんもコミで予測してもらことはできないんですか？

浅谷　いや、その……完璧に予測するてなかなか難しくて……たとえば、**的に有名な科学誌の「ネイチャー2022ワールドカップの順位を予たんですけど、「優勝はベルギー書いてたぐらいですから。**あ、言たいになっちゃいますけど。

伊藤 言い訳ですよ。

浅谷 ちなみに優勝したアルゼンチンは4位という予測でした。ベルギーは予選敗退だったじゃないですか。ベルギーよりは、我々の今回の予測はまだ近いところに……。

畠中 まあ、僕らは決勝には進めましたからね。

伊藤 **いやいや、俺たちベルギーと闘ってるワケじゃないんで。ベルギーより上だったとか言われても嬉しくないですよ。**

浅谷 お気持ちはわかりますが、そこまで悪い予測ではなかったかなぁ……と。

畠中 **吉本興業だけの芸人のデータで予測しているのも（予測が）難しい原因ですか？**

浅谷 それもあります。（優勝した）ウエストランドさんのデータは入ってなかったですね。

伊藤 でも、吉本でも俺らより上位だったコンビはいっぱいいるからね。

浅谷 今回使用したデータでは、さや香さんは、トップではありませんが、ある程度上位にはいました。まあそれなりに予測はできていたのかなと。

伊藤 予測できてないですよ。こんな上にいたコウテイは解散しちゃったし。

浅谷 たとえば、M-1の決勝を何回も繰り返して平均をとれば、この予測に近い順位になってくると思うんですけど、実際の決勝は1回勝負なので、どうしても運的な要素が……。もう一点、「データのとり方」という課題があって、今回は劇場への入場者数をデータとして使っているので、データの主力は基本的に

OZWALD

“お笑いが好きな層”になるわけで、つまり、一般層のデータを反映しているものではない。そのあたりも予測が
た一つの原因じゃないかと思います

伊藤 **なんですか、俺たちが「一**
はしなかった」みたいな、その言い

浅谷 いやいや、そういう意味じ
んです。

伊藤　いったい、今日は何しに来たんですか!?

編集部　いえ、この予測結果を活かして、2023年はもっと正確な予測をしようと。

伊藤　**今年もやるつもりなんですか？　俺たちのような第二、第三の犠牲者を生み出すだけじゃないかな……。**

畠中　今年はもうデータはとり始めているんですか？

浅谷　いや、これからですね。

畠中　この劇場チケットの販売数のデータですが2022年6月時点でのデータを使ってますよね。まあ、俺たちも6月ぐらいからどんどん人気がなくなっていったんで……。

浅谷　いやいやいや、そんなことないです。いくつか「人気」という指標も出していて、たとえば「ツイッターでの人気」というデータも出しています。そのデータでもオズワルドがかなり上位にいたのは間違いない。

今回ツイッターで予測に使ったデータは簡単に言えば2種類です。一つはツイッター上の「いいね」数。もう一つは「お笑いファンを除いた」一般のデータ。アカウントのプロフィールから明らかな「お笑いファン」などを意図的に除いたランキングです。こちらは2021年の結果と比べているんですが、割と相関が高く、上位に入っている方は実際M-1の決勝でも上位にいっています。**お笑いのコアなファンを除いたデータでもオズワルドがかなり上位にいたことは間違いない。「一般ウケしてない」なんてことはありません。**

畠中　なるほど、コアなファンにも一般の方にもオズワルドはある程度支持されていた。**ということは、決勝でのネタが面白くなかったから7位だったということですね？**

伊藤　**なにぃ、そういうことが言いたいんですか？**

浅谷　いえいえいえ、いや、それも一つの要因としては可能性があるかもしれませんが……。

伊藤　**なにぃ、それも一つの可能性だぁ？**

畠中　舞台は整っていたけど、そこに値するネタではなかったと。

浅谷　2019年から4年連続で決勝に進出しているオズワルドの**「M-1決勝の常連」**というポジションが影響した可能性もあります。つまりM-1のような一発の大会では、強者よりも、あまり知られていない芸人さんが突然パッと出てきたほうが会場のお客さんの応援を受けやすくなるというか。

畠中　なるほど、会場が盛り上がると。

伊藤　でも、それって先生の専門外の話じゃないですか？　統計とか工学とかじゃなくて、「最後は気持ちの問題」みたいな。

浅谷　そうです、たしかに専門ではないですね。

伊藤　**なんで俺たち、普通に慰められなきゃいけないんですか！**

編集部　下馬評では実力も知名度も圧倒的にオズワルド有利でしたよね。科学ではとらえきれない「魔物」がM-1には存在するってことで、どうすか？

伊藤　**そんなこと言ったらこの企画、成立しないじゃないですか！**

編集部　当日は、「やりにくい」とかそういう雰囲気はあったんですか？

伊藤　別に「やりにくい」とかはなかったですね。

畠中　準決勝で一度落ちている（敗者復活で決勝に進んだ）わけですから、**「あれ、思ってた手ごたえとは違うな」**というのはありましたね。今回は一番いいネ

データから予測できること できないこと

タを準決勝で持っていったら、あんまりウケなかったんです。なかなか思い通りにはいかなくて……。**だから今度は「M-1に魔物が潜む確率」を調べてほしいです。**

伊藤　（浅谷氏に）魔物の確率は調べられますか？

浅谷　魔物はちょっと難しいかもしれませんけど、「普段はウケているのに、大会本番ではウケなかった」というのは調べていくと面白そうですね。

畠中　なにかしら原因があるんですかね。

浅谷　**「魔」ではなくて「間」ですかね。**植田先生が研究している「間」の問題かもしれないし、たまたまお客さんの「誰か」が笑いださなかったから、だけかもしれない。

畠中　お客さんの層と、ウケる芸人の相関性とか、どういうタイプがウケやすいとか、そういうデータがあるといいですね。**決勝でオズワルドがこの順番で出るなら、3つあるネタのうち、このネタが一番ウケるよみたいなことがデータでわかるとメチャクチャ心強い。**

浅谷　（今回の予測の基盤となった）劇場のチケットのデータでは年齢まではわかりませんが、ツイッターのデータならば、アカウントのプロフィールを見れば年齢や性別など、おおよその属性はわかりますので「どの層にどのネタがウケた」というのはある程度調べられるんです。ですから今年の予選では、会場から出てくるお客さんに片っ端からインタビューして、誰が面白かったかを聞いてみたりすると面白いかもしれませんね。

伊藤　でもそこまでやらないでしょ？　東大の先生ってメチャクチャ忙しそうだし。

浅谷　**「ウケる」「ウケない」っていうのは物理現象であるとは思っていて、**たとえば、会場の誰か一人が立ち上がって拍手とか、突然笑ったりとかすると、それが隣のお客さんに伝播するじゃないですか。その「誰か」がたまたま笑わなかったりすると、ウケが伝播しない。そのネタが面白い、面白くない、っていうのもたしかにあると思うんですけど、それ以外にも伝播のような0か1かの現象があって……この業界って、笑ってくれる人をあらかじめお客さんの中に紛れ込ませておく「サクラ」があるじゃないですか。**僕らの世界でいうと臨界現象という言葉を使いますが、数人の動きによって「状態」が一気に変わる瞬間がある。**それが起こるまではウケなくても、誰かがちょっと笑うことで一気に伝播して大ウケにつながることがある。そのギリギリの緊張感を楽しむためにお笑いを見ている、というところがあるんじゃないかと。**ですから同じネタを同じ場で演じても、「ウケる確率」「ウケない確率」というのがあるんじゃないですかね。**それじゃあ、ウケる確率をどうやって上げていくか……うーん、また難しい問題になってしまいますね。

伊藤　確率を上げる、って聞くとちょっと俺たちの専門外かなという気がするけど……それじゃあ、**決勝にいった場合、順番が何番目だったらどのくらいのパーセントで優勝できる、みたいなことを予測するのは可能ですか？**

浅谷　現状のデータによる分析では厳しいと思うんですけど、ずっとデータを積み上げていくと、たとえば**「前の組が面白かったほうが次の組もウケる」**とか、そういう分析が可能になってくると思うんです。その芸人さんが持っている、「このぐらいウケそう」っていう予測値と、実際にどれだけウケたかという数値をはかって、前の組のウケ方との相関を調べると前の組の影響の具合がわかるかもしれない。**そうしたもっと深い分析をせなアカンなという反省を僕らはもっています。**

伊藤　まあ反省してもらえてるなら……（笑）。わかりました。じゃあ、過去のことは水に流して……。**先生は今年のM-1で僕らがどうなると思いますか？**

浅谷　え？　優勝してほしいと思いますけど。

伊藤　「思う」じゃなくて、予測してほしいんですけども。

浅谷　昨年と変わらず優勝すると思いますけど。

畠中　いいんですか？　簡単にそんなことを言って（ニヤリ）。

伊藤　「優勝すると思う」でいいんですね？

浅谷　いやいや、ええと……データがないんでなんとも言えない……。

伊藤　じゃあ、もしもですよ、いろんな

データをかき集めて、本当に正確に予測ができるようになったとしましょう。その結果、オズワルドではなくて別のコンビが優勝するという予測結果が出る。俺たちは準決勝敗退という予測が出ました、となったときに、どのツラ下げて俺たちの前に現れるんですか。

浅谷　うーん（苦笑）。

伊藤　**「オズワルドさん、正確な予測出ましたよ。間違いありません。準決勝敗退です！」って、言いにくるんですか？　我々のところに。**

浅谷　「今のままだったら」という予測ですから。

伊藤　「今のままだったら」とか言ったら予測じゃないですよ。

編集部　**ここまで感情移入してしまったのだから、オズワルドさんに不利なデータが出たらぜんぶ捨てましょう！**

伊藤　占いより信ぴょう性があるから怖いんですよ。

編集部　でも逆に、「準決勝敗退」というデータを公開してしまったほうが、「ねえ、オズワルド応援してあげよう」みたいな流れにつながるかもしれませんよ。再帰的に。

畠中　そうか、たしかにそういうこともあるかもしれないか。難しいな。

伊藤　M-1が終わったあとに全部公開すればいいんじゃないですか。将棋の封じ手みたいに結果を金庫にしまっておくとかすれば「後出しジャンケンだ」とかは言われないし。

畠中　お客さんがいたり、順番でウケが変わったりする「お笑い」だから予測が難しいってことなんですか？　**競馬とかだったらどこまで確実に予測ができるんですか？**

浅谷　競馬に関しては「予測できる」と言っている人もいますけど、実際に検証したわけではないので僕にはわかりません。スポーツは割とそこそこの確率で予測できると思います。たとえば、バスケットボール。特定の5人でプレーしたときに何点入ったかとか、取られたとか、そういうデータをもとに、**その5人の貢献度を決めていくんですけど、そのうちの一人が代わったことで点数がたくさん入ると、新しく入ったメンバーの貢献度が高いということになる。**その推定を続けて、どういう人を集めたら勝てるかとか、そういう形でデータをとっていくと、スポーツの場合は、割と当たりやすいんです。

伊藤　今まで先生が予測した中で「これは良く当てたな」という例は何ですか？

浅谷　僕の研究の一つに**「ノーベル生理学・医学賞受賞者を当てる」**というのがありまして、それは候補となる研究者の方々の論文をとにかく集めて、たとえば「ウイルス」みたいに、その論文で使用されている単語がいかに世界の人々に広がったかという指標を用いて分析します。**2022年の生理学・医学賞では「この単語が重要だ」と断定した用語を使っていた研究者がノーベル賞を受賞しました。それはピタリと当たりました。**

伊藤　年末によくある「今年の漢字」とかも当てられるんですか？　1週間前とかに。

浅谷　当てられるかもしれないですけど、過去に選ばれた漢字の傾向とか見ていくと、ある程度予測できるんじゃないかと思います。

伊藤　**「永遠に答えのないもの」も予想できるんですか？**　たとえば、干支は12ありますけど、もし13番目の干支が入るとしたら、この動物だったろう、みたいなことは答えられますか？

浅谷　うーん、手法的には可能かもしれません。たとえば会話やSNSのデータから「干支の動物に近いポジションで使われているのに、干支には入っていない動物」を探してみるのは不可能ではないですね。自然言語のちょっと難しい話になるんですけど、数年前に「強いポケモンを予測する」という分析がありました。ある単語の列から「強そうなポケモンの名前を予測する」という内容で、何も基礎知識がない状態で、ある程度、それっぽい名前を生成して、その強さを推定するという研究です。**僕らがいま続けている研究でも現在17あるSDGsの目標をもとに「18番目のテーマは何なんだろう」というのを頑張って探そうとしています。**データで裏付けるまでには至っ

HATANAKA YU
畠中悠

1987年北海道生まれ。ボケ担当。昆布漁師の両親を持ち、「良い出汁をとること」、「野菜を上手に切ること」などを特技としている。中島みゆきのファンを公言。趣味は映画鑑賞のほか、ドキュメント番組を見る、素敵なシンガーソングライターを探す、泣ける動画を見ること、など。

ていませんが、仮説としては「文化」なんじゃないかと思っています。つまり、現時点では存在していないけど、世の中の共通概念としては存在する、みたいなものをデータから抽出するといった研究は各所で行われています。

結局、予測というよりは、ある種の提案というか、世の中の常識や中央値から言えば、こうなんだといった「解」を示すような分析が多いですね。ただし、それが絶対に正しいと予測する目的にはしていない、というのが実際のところです。

編集部　2023年の漢字を当てましょうよ。

浅谷　2022年の漢字は「戦」でしたっけ……やっぱり難しいな……。今年の漢字よりも今年の流行語を当てたりするほうが現実的かもしれませんね。

そもそも「ズバリの予測」が難しいのは、集合知（多くの人々によって蓄積された知識。また、その膨大な知識を活用できる形にまとめたもの）としてはどうかとか、どうあるべきかといった点については分析しやすいんです。**一方、「誰かが何かを選ぶ」というケースの場合は、選ぶ人がずっと変わらなければ予測しやすいのですが、現実には選ぶ人がコロコロ変わるわけですよね。**

畠中　なるほど。選ぶ人が変わると傾向も変わることになりますものね。

浅谷　さきほどのM-1にしても、敗者復活戦などはファン層の投票によるものなので、予測しやすいんです。

伊藤　**スポーツは勝敗の結果がズバリ出るけれども、M-1の場合は「複数の人が選ぶ」ことで選出されるから予測が難しいということですか。**それじゃ、同じスポーツでもフィギュアスケートなどは予測しづらいわけですね。

浅谷　まさにそのとおりです。難しいでしょうね。

畠中　たしかに2022年に初めてM-1の審査員を務められた山田邦子さんの考え方はデータがありませんからね。ところで、分析に使ったのは「6月のルミネtheよしもと」のデータでしたけど、今年も6月のデータを使うんですか？

浅谷　もちろん変わる可能性はあります。各劇場のデータを昨年みたいに並べて、何月のデータがもっとも分析に適しているかを計算してみると、お客さんの層が変化しているとか、いろいろな気づきがあるかもしれませんね。

大阪のよしもと漫才劇場や神保町のよしもと漫才劇場に比べると、ルミネのデータが（M-1の決勝・準決勝に登場する芸人さんが）比較的上に出ていました。その意味では、かなり予測ができていたとは思います。

伊藤俊介　ITOH SHUNSUKE

1989年千葉県生まれ。ツッコミ担当。シュールなワードセンスと関西弁に負けない爆発力のあるツッコミに定評がある。劇場に自腹で喫煙所をつくるほどのヘビースモーカー。Noteと「ダ・ヴィンチWEB」で連載していたエッセイ『一旦書かせて頂きます』(KADOKAWA)発売中。

畠中　**いや、今回の浅谷先生の予測は正しかったところもあると思ってます。**敗者復活戦では、応援してくれる方がこんなにいるんだというのは、すごく驚いたし嬉しかったです。

編集部　それで「このまま決勝もイケるぜ！」と。

畠中　そうなんですよ。ですから、あのとき自分たちが主人公みたいな顔をしていたことをちゃんとデータ上ではマイナスにしてほしいですね。このままだと力入りすぎて失敗するぞ、っていうことまで織り込み済みで予測してくれるといいな、なんて。

伊藤　しなきゃいいじゃん。主人公ぶらなければいいじゃん。

畠中　今年の課題だね。

伊藤　**でも、ぶっちゃけ、俺たちが優勝するかどうか、というよりも、予測が当たるところが見てみたいというのもあるんです。**俺たちじゃなくても、予測が当たったら、それはそれで興奮するところがありますね。

浅谷　笑……まあ、それはなかなか……。

伊藤　**笑っちゃってるじゃないですか！**

編集部　オズワルドだからこそ期待されすぎちゃってるというか、審査員の審査も他の方よりやや厳しくなるとか、そういうのはあるんですか？

伊藤　いや、昨年の2022大会で完全になくなったでしょう。そのほうが俺たちは楽ですけどね。でも、**よく考えるとネタの面白さをデータにするのって難しいですね。**仮にネタの面白さや芸人の実力が完全にデータ化できたとしても、データをとる期間の問題も出てくるでしょう。たとえば、6月から8月までのデータをとるとして、あるコンビがその間はどうも調子が下がり気味だと。しかしそんな彼らが9月に超面白いネタをつくって盛り返す可能性だってある。**そんなものまでは予想できないですよね。**

浅谷　M-1のためにネタをつくるんですか?

伊藤　基本はそうです。

畠中　あるネタをつくったときに、これ、あまりお笑いを見たことがない人にもウケやすそうだからこれは寄席（劇場）で使おうとか、こっちは賞レースでいけそうだなとか、そういうのはなんとなくあります。基本的には僕らは賞レースでいけそうなネタを中心につくっています。ネタができたら基本いろいろなところでやって「意外と伝わりやすいな」とか「ウケないな」とか、お客さんの反応を見ながら改良していく感じですけど。

浅谷　ということはやっぱりグランプリが近づいてきた時期のほうが、大会で実際に演じるネタに近いものになってくるということなので、そのぶん予測がしやすいでしょうね。

伊藤　冷静に言うと、やっぱり昨年はネタが弱かったなという反省はあります。他の方々に比べて「あ、俺たち全然負けてるな」と思いました。**自分たちのも面白いとは思うんですが、他の方のネタに比べてどっちが面白かったかと言われると……。**

浅谷　M-1はどのくらいから意識されるんですか。

畠中　1回目の予選が8月、2回目が10月とすると、そのぐらいまでにはネタを完成させておきたい。でも、早めにつくって「**M-1用のいいネタができた**」と**思っていても、これがその後でウケなくなったりもするんですよ。**本当にそのあたりはわからない。

浅谷　決勝でこのネタやるぞ、って決めるのはだいたいいつぐらいなんですか?

畠中　10月、11月でネタを披露して、手ごたえを感じて……という感じですかね。

伊藤　だいたいどの芸人さんも一緒だと思います。「このネタで行こう!」と思えるならまだいいんですけど、「ヤバい。これしかないよ」ぐらいだとちょっとマズイ。

2022年のM-1決勝の1本目（ファーストラウンド）は「これしかない」のほうだったんです。2本目（最終決戦）でやろうと思ってたのは「これで行こう!」だったんですけど、1本目が「これしかない」の方で……。

会場のお客さんの心拍数から「ネタの面白さ」をデータ化できる?

浅谷　結構修整はされるんですか。

伊藤　修整に修整を加えて原型がなくなることもあります。2021年の「友達ちょうだい」っていうネタも、何年か前のネタを改良したものですけど、あれも原型をとどめているのは入り口ぐらいで、他はほぼ変わってます。

浅谷　**（しばらく沈黙して）すごい大変な仕事なんやなぁ……。**

編集部　**（正確に予測するには）要素がありすぎるってことなんですね。**ネタの良さはもちろん、お客さんも審査員も毎年完全に同じではないし、当日の会場の雰囲気や芸人さんの勢いや芸風、テンポや間、出場回数とか……。話を聞いていると、とくに「ネタ」はデータ化できないような気がします。生モノというか。

伊藤　そうなんですよ。人気ともまた違うところがあるというか、M-1の優勝を予測するっていうのは本当に難しいんですね。

浅谷　**結局、我々が出した予測というのは、「皆さんの普段の力の平均で比較すると誰が優位か」っていうことなんですけど、それを左右するのが当日の審査員だったり、会場のお客さん、あるいはネタや順番だったりするわけです。**他の要素から予測するというのは不可能ではないとは思いますが、やはりネタをどう評価するかというのが難しいですね。

伊藤　うーん、たしかに難しいですね。

浅谷　**ネタをデータ化するには、会場のお客さんの心拍数をとるとか、そのぐらいしか方法がないかもしれませんね。**心拍数をとって、「この人顔は笑ってるけど、本当に面白がっているわけじゃないな」みたいに正確なデータをとっていく。

畠中　工学者っていうのはそういう考え方をするんですね。面白い。

浅谷　データ化して、ちゃんと因果関係をはっきりさせる。

伊藤　こういうのはどうですか？　準決勝ならその日のうちにファイナリストが選ばれるので、準決勝のネタと今まで蓄積したデータ、これまでの出場回数とかから、つまり**「ファイナリストの中から決勝の順位予測をする」**というのは？

浅谷　それはいけそうですね。

伊藤　全参加者7000組の中からいきなり優勝を当てるっていうのはいくらなんでもハードルが高すぎる気がする。

浅谷　ちょっと後ろ向きかもしれませんけど、**過去の決勝のネタについてそれぞれ審査員が何点つけたかをデータ化していくと、このネタならば、この審査員は**

「予測の達人」たちを集めてスーパーチームをつくれないか？

OZWALD

何点をつけるかなという予測ができるようになるかもしれません。ただ、当てやすい審査員と当てにくい審査員が出てくるかもしれませんが。ひょっとしたら何らかのパターンが見つけられるかも。

ところで、芸人さんや吉本興業の関係者の中に、「誰が優勝する」とか予測の眼力のある方っていませんか？　今回、大量のSNSのアカウントを調べたんですが、その中にM−1の勝者や順位を事前に当てていた人がいるように思うんです。そういう人たちを集めてスーパーチームをつくればかなり予測ができるんじゃないかと。

畠中　眼力があるのはDJ KOOさん

ですかね。2021年のM-1では決勝に進む3組を的中させているし、それ以前も結構当ててるんじゃないかな。

浅谷　眼力のある方が一人では実際に当たる可能性は決して高くはないんですが、**そういう方が100人、200人と集まってちゃんと集計していくと、当たる可能性が出てきますね。**いわゆる集合知ですね。

伊藤　でも、それって当てたのはその人たちですよね？

浅谷　そのとおりなんですけど、そういう人たちを100人見つけたというところが私どもの成果になるかと。

伊藤　**お笑い眼力村を見つけたぞぉ！みたいな。**

浅谷　それは大いにありうるでしょうね。今後の課題かな。最初から最後までデータ化しようとすると、さきほど話に出たネタとか審査員の意向とか、そういったあらゆる要素を数理化するというのはかなり難しくて、それよりは、人の手、世の中に存在するスゴい眼力を持つ方々を探し出してその力をお借りするというのがよくて、そういう人を100人集めるというのが現実的にはイチバンできそうなことかなというのが本日の結論ですかね。

やはり2023年の予測をどうやってやるか……ですね。

伊藤　**畠中**　やはり今年もやるんですか？

浅谷　やらざるをえませんね。

伊藤　当てるまで？

浅谷　はい。

伊藤　**じゃあ、もしも我々のところに来なかった場合は、優勝候補に俺たちが入ってないってことでOKですね？**

編集部　………。

（対談終了後）

浅谷　予測ハズしてすみませんでした。冒頭から伊藤さんがガチで怒ってると思って緊張しました〜。

伊藤　とんでもないです。これもネタですから〜（笑）。

特別企画

2023年M-1の勝者をちょっと強引に予測してみた

編集部

……東京大学・吉本興業の協力を得て、ここまで「漫才の秘密」「お笑いの謎」について、いろいろ考察してきたわけだが、それにしても、やはり、どうしても気になってくるのが、今年、すなわち**2023年のM-1チャンピオンは誰なのか！**　だろう。

そこで、2022年の勝者を予測した浅谷公威先生にあらためてお願いして予想データを作成してもらい、編集部で独自に予測を行ってみることにした。

最初にお断りしておくが、この本が2023年7月に出版される以上、使用できるギリギリ最新のデータは2023年5月末までのものに限られる。つまり、より実勢を反映しているであろう6月から年末にかけてのデータを使うことができない。また、**短い期間で集められるデータにも限界がある**ということで、本書86ページで紹介したように、「ルミネtheよしもと」の公式ツイッターアカウントの「いいね」数を使用する形とした。

「優勝者を当てることはできませんでしたが、2022年のM-1の結果と、ルミネtheよしもとのデータから算出したレートに一定の相関関係があることはわかりました。したがって、2023年もある程度の予測はできるかもしれません。ただ、あくまで、限られた条件の中で算出することになるので、どこまで反映できるかは未知数です」（浅谷先生）

表1

お笑いファン以外
（2022年8月から12月）

芸人	予測レート	M-1結果
アインシュタイン	20.18742542	4
オズワルド	18.08488832	5
トット	16.31274531	3
コマンダンテ	13.02385241	4
インディアンス	11.60696407	4
コットン	10.51935921	4
ダイタク	9.58624473	4
男性ブランコ	8.878692616	6
バンビーノ	6.775664575	3
ゆにばーす	5.915045719	4
見取り図	5.724523915	4
ななまがり	4.648765257	5
エルフ	4.297863578	3
すゑひろがりず	2.890117243	3
オダウエダ	2.255455589	3
ぼる塾	0.439247532	3
蛙亭	-1.24510433	4
ミキ	-3.356232587	5
いぬ	-3.708594397	3
華山	-4.43748051	4
うるとらブギーズ	-5.099845151	2
コロコロチキチキペッパーズ	-6.58267428	4
ネルソンズ	-11.19491859	2

（データの不足にもかかわらず、最後まで協力してくれた浅谷センセイ、ありがとうございます！）

さて、（かなり無理を言って）先生に出してもらったのは、大きく分けて二つの期間からなっている。

1　2022年8月から12月にかけての時期

2　2023年1月から5月までの時期

つまり、**M-1グランプリの決勝が行われた2022年12月の「前」と「後」に分けたことになる。**後者はM-1決勝の放映後なので、当然ながらその結果の影響を強く受けることになる。

抽出したのは、個々の芸人の「いいね」への貢献度、出演した芸人のデータを入力した際にどれくらいの「いいね」がつくかを予測した「予測レート」である（これは86ページで作成したものと同じ）。この予測レートを、芸人さんの人気を反映した指標だと解釈し、M-1の勝者予測に用いる。もちろん完全に予測できるものではないし、あくまでも一つの指標にすぎない。

たとえばだが、**この予測レートが高い順番に芸人さんを並べ「上位10組ぐらいが決勝に進出する可能性が高い（つまり、この中から優勝者が生まれる可能性が高い）」ということぐらいは予測できるのではないだろうか、**と考えてみたのである。

ということで、ちょっと強引ではあるものの、さっそく結果を見ていくことにしよう。

表2 お笑いファン
（2022年8月から12月）

芸人	予測レート	M-1結果
トット	12.17828676	3
コマンダンテ	11.47467615	4
バンビーノ	11.3458457	3
アインシュタイン	11.2835868	4
オズワルド	9.605853831	5
すゑひろがりず	9.557334628	3
コットン	8.557734786	4
ゆにばーす	8.42908125	4
ダイタク	8.139361786	4
うるとらブギーズ	7.228917477	2
見取り図	6.180448642	4
蛙亭	6.169152335	4
男性ブランコ	6.101789303	6
インディアンス	5.190791315	4
ななまがり	2.425697455	5
ぼる塾	1.637246828	3
いぬ	1.398035435	3
ネルソンズ	0.167282746	2
華山	-0.155038768	4
オダウエダ	-0.979109499	3
コロコロチキチキペッパーズ	-4.095495894	4
ミキ	-7.245696132	5

表3 全ユーザー
（2022年8月から12月）

芸人	予測レート	M-1結果
アインシュタイン	19.47071609	4
トット	15.7971842	3
オズワルド	15.60732663	5
バンビーノ	12.87546448	3
ダイタク	11.83941113	4
コットン	11.40537576	4
コマンダンテ	11.27844153	4
インディアンス	9.396607657	4
男性ブランコ	9.084478192	6
ゆにばーす	8.442828976	4
見取り図	5.631407739	4
すゑひろがりず	4.538460918	3
エルフ	4.299572549	3
ななまがり	3.801885263	5
蛙亭	3.157024194	4
うるとらブギーズ	1.529359949	2
ぼる塾	1.031911745	3
オダウエダ	-0.181798813	3
華山	-1.63792714	4
いぬ	-2.708903112	3
ミキ	-4.946440559	5
コロコロチキチキペッパーズ	-7.133497703	4
ネルソンズ	-7.200287753	2

1 2022年8月から12月にかけての時期

表❶お笑いファン以外
表❷お笑いファン
表❸全ユーザー

86ページの記事でも解説したように、相関性がもっとも高かったのは、「お笑いファン以外」のユーザーに絞ったデータだった。ということで、表❶の「お笑いファン以外」を中心に見ていく。

1位アインシュタイン、2位オズワルド、そして3位にトット。以下、コマンダンテ、インディアンス、コットン、ダイタク、男性ブランコ、バンビーノ、ゆにばーすという順になっている。うち8組は「お笑いファン」「全ユーザー」にもランクインしている。

さぁ、ここで、本編集部でもっともお笑い芸人に精通している編集者サトウ、そして本書のメイン・インタビュアーであり、お笑いに強いライター西澤千央の二人に解説してもらおう。ズバリ、注目すべき芸人さんは誰なのか？

サトウ M-1の歴代優勝者18組中、「決勝初出場で優勝」が9組、「2回目の決勝で優勝」が5組です。やはりM-1は新鮮で勢いのある芸人さんが強い。そう考えると、コットン

表4 お笑いファン以外（2023年1月から5月）

芸人	予測レート	M-1結果
ヨネダ2000	11.84486075	6
見取り図	11.71014912	4
オズワルド	8.983629108	5
すゑひろがりず	7.463666914	3
ミキ	6.827110615	5
男性ブランコ	6.668088077	6
ななまがり	6.450509899	5
ゆにばーす	5.748137598	4
トット	5.478730013	3
アインシュタイン	5.34853839	4
コマンダンテ	4.806783817	4
コットン	3.075025261	4
華山	2.617450162	4
ネルソンズ	2.493510896	2
インディアンス	1.925499316	4
ダイタク	1.046662516	4
ぼる塾	-0.993278664	3
ダイヤモンド	-1.545202513	6
コロコロチキチキペッパーズ	-3.19239123	4
いぬ	-3.252779076	3
蛙亭	-3.770001125	4
バンビーノ	-5.154980758	3
うるとらブギーズ	-7.259391416	2

やトットなど、まだ決勝に進んだことがない芸人さんに大きなチャンスがあるのではないかと思います。特に注目したいのが2022年のキングオブコント準優勝のコットン。漫才もコントもできる実力派で、ボケ担当のきょんさんは2023年のR-1グランプリでも準優勝に輝いています。ズバリ注目株です。

西澤 そうですね。取材させてもらったこともあるのですが、コットン西村（真二）さんはお笑いにストイックすぎるのと、過去に自分たちをバカにしてきた他の漫才師への遺恨もすごいので決勝で暴れるところをぜひ見たいです（笑）。そういう意味ではゆにばーすも、M-1にすべてを捧げてきた川瀬名人の情熱と分析力に、相方であるはらちゃんのテンションがようやく噛み合ってきた感じがあって、男女コンビ初の優勝があるなら彼らでは。

続いて、もう一つの期間の表を見てみよう。

驚くべきことに、かなりのコンビが入れ替わっている。

2 2023年1月から5月までの時期

表❹お笑いファン以外
表❺お笑いファン
表❻全ユーザー

まずは表❹の「お笑いファン以外」を見ていこう。

表5 お笑いファン
（2023年1月から5月）

芸人	予測レート	M-1結果
見取り図	15.4863533	4
すゑひろがりず	15.14741775	3
コマンダンテ	9.793468997	4
トット	9.492349357	3
ミキ	8.109575811	5
ヨネダ2000	5.678439817	6
男性ブランコ	5.550328358	6
オズワルド	4.434310995	5
ゆにばーす	4.357298672	4
インディアンス	3.738784734	4
華山	2.394390625	4
アインシュタイン	1.908921812	4
コットン	1.858238427	4
ネルソンズ	0.741832806	2
ダイタク	0.526226519	4
コロコロチキチキペッパーズ	-0.049948883	4
蛙亭	-0.92523638	4
いぬ	-3.980166505	3
ぼる塾	-5.838185476	3
バンビーノ	-7.014939566	3
うるとらブギーズ	-15.11611357	2

表6 全ユーザー
（2023年1月から5月）

芸人	予測レート	M-1結果
見取り図	16.40245962	4
すゑひろがりず	15.24006705	3
男性ブランコ	8.146725421	6
オズワルド	7.883922979	5
トット	7.394025667	3
ヨネダ2000	7.227990022	6
ミキ	7.214588795	5
コマンダンテ	6.741471847	4
ななまがり	6.471229704	5
インディアンス	5.666237923	4
アインシュタイン	5.22034352	4
ゆにばーす	4.233310311	4
華山	2.902531854	4
ネルソンズ	2.774945862	2
コットン	2.043444131	4
ダイタク	1.431010606	4
蛙亭	-0.82410205	4
ダイヤモンド	-1.56178273	6
いぬ	-2.297006456	3
コロコロチキチキペッパーズ	-2.307856709	4
ぼる塾	-5.34592126	3
バンビーノ	-5.567919328	3
うるとらブギーズ	-14.59199695	2

1位が、シュールな笑いで2022年のM-1に旋風を巻き起こした女性コンビのヨネダ2000、2位がM-1決勝進出3回の見取り図、そして3位に2019～2022年の4年連続ファイナリストであるオズワルドが入った。以下、すゑひろがりず、ミキ、男性ブランコ、ななまがり、ゆにばーす、トット、アインシュタインの順となった。

2022年M-1で最終決戦に進んだ男性ブランコ、そして、ゆにばーす（決勝進出3回）、インディアンス（同3回）、ミキ（同2回）など過去のM-1で高い評価を受けている実力派コンビ、さらには2022年8月から12月の**表❶**で1位となったアインシュタイン、同じく3位に入ったトットなど、まさに大混戦の様相を呈している。

そのような中で、「自分はまったくお笑いに詳しいわけではありませんけど……」という浅谷先生が、ひそかに注目するのは、**すゑひろがりず**だ。

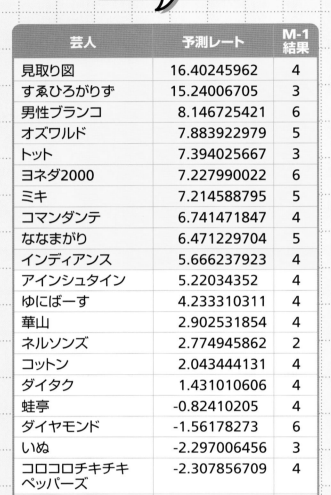

浅谷

2019年のM-1で決勝に進むなど、もちろん地力もあるのだと思いますが、2023年になってからSNSなどで急激に話題になる機会が増えてきたコンビです。2022年は3回戦進出までだったことを考えても、非常に「上り調子」だということが言えるのではないかと思います。個人的にも応援したくなりますね。私が推していたオズワルドさんには怒られるかもしれませんが（笑）。

西澤 すゑひろがりず面白いですよね。2019年の決勝でキャラと型が知られたことを逆手にとったような何か「発明」があれば、一気にその年の主役に躍り出る雰囲気を持っていると思います。また、ミルクボーイやマヂカルラブリー、錦鯉、ウエストランドが優勝をかっさらってきた近年の流れでいうと、ななまがりの「泥臭さ」も非常に魅力的に見えます。ななまがりといえば、新元号当てるまで帰れないという「水曜日のダウンタウン」での企画が有名ですが、ああいう持って生まれたドキュメンタリー性は今のM-1が求めているところのような気もするので要注目かなと。

なお、表❶❹双方でベスト10に入っているのは、オズワルド、アインシュタイン、トット、男性ブランコ、ゆにばーすの5組。オズワルドやゆにばーすのような「常連」が悲願を達成するのか、それとも、トットやコットン、ヨネダ2000、すゑひろがりずのような新風が一気に天王山を制するのか、2023年のM-1も目が離せない。

あらためて述べておくべきだと思うが、あくまでこのデータは、「ルミネtheよしもと」の公式ツイッターアカウントの「いいね」数を使ったものであり、その意味では、かなり無理があるのも事実。

まず、吉本興業に所属する芸人さんに限定されるので、2022年のM-1を制したウエストランドのように他の事務所の芸人さんまでカバーできているわけではない。

さらにいえば、どうしても（ルミネtheよしもとに出演する機会の多い）東京の芸人さんが中心になってしまう。大阪を中心に活動しているさや香や、最近になって東京進出を果たしたロングコートダディのように、2022年のM-1最終決戦で素晴らしい芸を披露したのに今回の表に入ってこない実力派コンビもたくさんいる。

ここまで載せて、さんざん煽っておいて何だが、そういう意味では、一つの指標にはなっても、これが絶対の予測リストであるわけではない（というわけで、ここに載っていない芸人さんのファンの皆様、どうかご容赦ください）。

「もしも、どんなデータでも無制限に自由に取ることができるとしたら、どんなデータを取れば、M-1の勝者を予測できますか？」

最後に浅谷先生にこんな質問をぶつけてみた。

浅谷 そうですね……どれくらい手間やお金がかかるかはわかりませんけど、実際に芸人さんの芸を見て笑っている人々の表情や様子を、それこそ無尽蔵に動画で撮影して分析してみたいですね。たとえば、笑っていても、それは本当に心の底から笑っているのか、周囲が笑っているのにつられて笑っているのか、そういう細かい違いがあると思うんです。あるいは拍手はしていても、本気で拍手しているわけではないとか。そういったお客さん一人一人の心理的な内部状態を計測して定量化できたら、とても興味深いデータができると思います。本当は、M-1の審査員の皆さんの表情を動画で撮り続けて感情を分析できたら、それが一番いいんですが、さすがにそこまでは無理ですよね（笑）。だから、その代わりに、たくさんのお客さんのデータを集めれば、M-1審査員に近い感情を持つお客さんも見つけられるんじゃないかなと思うんです。実際には、プライバシーの問題などがあるので、かなり難しいと思いますけど、機会があればぜひチャレンジしてみたいですね。

テクノロジーの力で、お笑いの正体に迫る試みは、これからも続くのだろう。

今年のM-1も絶対に見なくては――。

講談社 関連

Editor
青木肇
佐藤慶一

Writing
西澤千央

陰山涼
高橋祐貴
古賀輝

Photograph
森清
柏原力
松井雄希

Design
大野リサ

Special Thanks
川村雄介

吉本興業

出版
新井治
太田青里

「M-1グランプリを科学する」イベント
神夏磯秀
梁弘一
佐々木聡
齋藤慎一郎
新谷洋介
棚木和人
金井夏生
武井大樹
邵東方
國廣光

笑う東大、学ぶ吉本プロジェクト
羽根田みやび
笠井陽介
宮本稔久
宮下森資
両國龍英

東京大学 関連

坂田一郎
植田一博
浅谷公威

玉木笙鞠
大知正直
浅野聖也
福田玄明（一橋大学）

最強《さいきょう》の漫才《まんざい》
東大《とうだい》と吉本《よしもと》が本気《ほんき》で「お笑《わら》いの謎《なぞ》」に迫《せま》ってみた!!

二〇二三年七月二五日第一刷発行

編者　東京大学《とうきょうだいがく》×吉本興業《よしもとこうぎょう》

発行者　髙橋明男
発行所　株式会社講談社
東京都文京区音羽二丁目一二－二一　郵便番号一一二－八〇〇一
電話〇三－五三九五－三五二一　編集（現代新書）
〇三－五三九五－四四一五　販売
〇三－五三九五－三六一五　業務
印刷所　株式会社ＫＰＳプロダクツ
製本所　大口製本印刷株式会社
定価はカバーに表示してあります　Printed in Japan

ISBN978-4-06-532556-8

KODANSHA